Katharina Barth-Duran

Die Hoffnung weitertragen

Katharina Barth-Duran

Die Hoffnung weitertragen

Frauenwege im Advent –
Eine spirituelle Begleiterin

HERDER

FREIBURG · BASEL · WIEN

© Verlag Herder GmbH, Freiburg im Breisgau 2024
Alle Rechte vorbehalten
www.herder.de

Die Bibeltexte sind entnommen aus:
*Die Bibel. Die Heilige Schrift
des Alten und Neuen Bundes.
Vollständige deutsche Ausgabe*
© Verlag Herder, Freiburg im Breisgau 2005

Umschlaggestaltung: Sabine Hanel, Gestaltungssaal, Rohrdorf
Umschlagmotiv: © saemilee/GettyImages, © ulimi/GettyImages
Illustrationen im Innenteil: Donatus Duran Perez

Satz: Carsten Klein, Torgau
Herstellung: GGP Media GmbH, Pößneck

Printed in Germany

ISBN Print 978-3-451-39677-9
ISBN E-Book 978-3-451-83424-0

für Dorothea
meine Freundinnen und
Wegbegleiter:innen
und alle, die mir helfen,
meine Hoffnung weiterzutragen

Inhalt

Zu Beginn

Ihr Lieben,

vor mir und uns liegen Adventswege, Sehnsuchts- und Hoffnungswege.

Mystikerinnen und Gottsucherinnen früherer Zeiten sprachen von der Geburt des göttlichen Kindes in uns.

Nicht nur eine Jungfrau Maria damals, auch wir sollen schwanger gehen mit Gott und immer wieder neu Jesus zur Welt bringen.

Gerade wir Frauen sind nahe dran an den Geschehnissen von Schwangerschaft und Geburt. Unsere eigenen Lebenserfahrungen können uns dieses Bild einer göttlichen Geburt in uns sehr innig nachempfinden lassen.

Bei allen persönlichen Krisen, bei allem Unheil, Gewalt und menschengemachten Katastrophen der Welt, ist es immer noch ein großes Wunder und weckt unsere Hoffnung auf Zukunft, wenn Eltern ein Kind erwarten.

Es ist auch eine große Sehnsucht, mit der das jüdische Volk damals seinen Messias erwartet hat:

»Unser Erlöser von alters her ist dein Name«, schreibt der Prophet Jesaja, und: *»Reiß doch den Himmel auf und steig herab!«*
(Jes 63,16.19)

Vielleicht wird auch uns wieder deutlicher, dass wir uns nicht selbst erlösen können. Vielleicht wird auch unter uns Menschen von heute wieder die alte Sehnsucht nach Erlösung wach: »Alles beginnt mit der Sehnsucht!«

Frauenwege im Advent sind Hoffnungswege. Es gilt das kleine Mädchen Hoffnung in uns wiederzuentdecken. Dieses kleine Mädchen Hoffnung, von dem Charles Péguy schreibt, dass es selbst Gott mehr erstaunt als die großen Schwestern Glaube und Liebe. Wie können wir dieses kleine Mädchen Hoffnung wieder in uns wachsen lassen?

Unsere Zeit braucht die Hoffnung der Frauen, ihr ganzheitliches Denken und ihre Möglichkeiten, ihre Spiritualität, ihre Gottesbeziehung und Gottesebenbildlichkeit, ihre geistige Kraft und Fantasie, ihre Hingabe, Neues zur Welt zu bringen, ja Gott selbst immer wieder neu zur Welt zu bringen.

»Frauenwege im Advent« – unter dieser Überschrift sammeln sich Lebenserfahrungen in Hoffnungsgeschichten, Poesie und Visionen, die in Verbindung zu unserer biblischen Tradition stehen, aber auch in Adventsbräuchen und der Gestaltung dieser besonderen Zeit zu sehen sind. Impulse für jeden Tag wollen uns einen Weg weisen, das göttliche Kind immer wieder neu in uns zu empfangen und zur Welt zu bringen.

von Herzen   *katharina*

Gebet

Du mutest uns viel zu
Jesus
mutest uns zu
mit unerschütterlichem Glauben
unsere Erlösung wahrzunehmen
und wachsam zu bleiben

Anzunehmen
dass unsere Erlösung nahe ist
inmitten apokalyptischer Zustände
und Weltuntergangsgeschehen
menschengemachtem
uns aufzurichten
und das Haupt zu erheben
den ganz Anderen im Blick

Du scheinst schon damals
gewusst zu haben
was Leib und Seele guttut
sie heilen kann
mit einem sicheren Gespür
für *Embodiment*
so nennt es die heutige Psychologie
als wär's was Neues
dass unsere leibhaftigen Regungen
das Wahrnehmen unseres Körpers
mit Geist und Seele verwoben sind

Zu Beginn

Inmitten der Krise
statt den Kopf hängen zu lassen
und ihn einzuziehen
mit gebeugten Schultern
das Gegenteil einzuüben
lehrst du uns
das Haupt zu erheben
aufrecht zu bleiben
den Atem nicht anzuhalten
sondern fließen zu lassen
vielleicht sogar
das Halblächeln zu bewahren

Du mutest uns viel zu
Jesus
unsere äußere Haltung
soll mit unserem Innersten
in Einklang kommen
nicht weil wir uns etwas vormachen
sondern weil sie wahrhaftig ist
unsere Erlösung
durch dich
und dein zu uns Kommen

Gott will bei uns ankommen
versprichst du uns
und dass es nicht finster bleiben wird
so schauen wir noch im Dunkeln
vorwärts auf ein Licht
das uns nicht mehr loslassen will
nie mehr

Erwartungsvolle und Hoffnungsgrüne

1. Adventssonntag

»Aus Isais Stumpf aber sprosst ein Reis, ein Schössling bricht her-
vor aus seinem Wurzelstock. Auf ihm ruht der Geist des Herrn …
An jenem Tag wird es geschehen: Der Spross aus Isais Wurzel steht
da als ein Feldzeichen für die Völker. Die Völker werden ihn auf-
suchen, und seine Ruhestätte wird herrlich sein.«

(Jesaja 11,1–2.10)

Vielleicht haben wir heute grüne Zweige vor uns oder einen
Adventskranz und können an diesem 1. Adventssonntag eine
Kerze anzünden und innehalten. Ein Licht, das uns trotz al-
lem Dunkel nicht mehr loslassen wird.

Welch ein Hoffnungsbild schenkt uns der Prophet Jesaja!
Aus dem toten Baumstumpf wächst ein junger Trieb. Neues
Leben!

Was sie nicht zu hoffen wagten, erfüllt jüdische Frauen wie
Mirjam, Anna oder Elisabeth vor der Geburt Jesu, aber auch
die frühen Christinnen, Barbara und Lucia, später dann Heilige wie Ottilia oder die Frauen von heute in meinem Buch:
Karin, Helena, Dorothea und Christiane. Schwestern, Töchter, Mütter und Großmütter, Freundinnen, Du und ich, wir
alle sind versammelt im Blick auf das, was unsere Hoffnung
zum Grünen bringen will.

Alles beginnt mit der Sehnsucht

Alles beginnt mit der Sehnsucht,
immer ist im Herzen Raum für mehr,
für Schöneres, für Größeres.
Das ist des Menschen Größe und Not:
Sehnsucht nach Stille,
nach Freundschaft und Liebe.
Und wo Sehnsucht sich erfüllt,
dort bricht sie noch stärker auf.
Fing nicht auch Deine Menschwerdung, Gott,
mit dieser Sehnsucht
nach dem Menschen an?
So lass nun unsere Sehnsucht
damit anfangen,
Dich zu suchen,
und lass sie damit enden,
Dich gefunden zu haben

Verfasserin unbekannt (1. Zeile: Nelly Sachs)

Montag – 1. Adventswoche

Die Advents-Tänzerin

Mit unserem KDFB-Team hatte ich zu diesem anderen Advents-Gottesdienst eingeladen, und sie kamen zahlreich aus den verschiedensten Richtungen, auch diejenigen ohne Kirchen- oder Gemeindebezug.

Die Kirche strahlte im Kerzenschein, im Altarraum leuchtete ein großer Stern, darunter die noch leere Krippe und im Eingangsbereich eine lange Tafel, adventlich gedeckt, um alle willkommen zu heißen.

Während ich alle begrüßte, fiel mir eine Frau in den Blick, nicht jung, nicht alt, hochgewachsen und sehr schmal, unauffällig gekleidet, mit dunkelblauem Parka und einer Wollmütze auf dem Kopf.

Unscheinbar wäre sie geblieben, wenn sie nicht begonnen hätte, schon während meiner Begrüßung die Hände auszustrecken und fließend hin- und her-, auf- und abzuwiegen, wie bei einem orientalischen Tanz. Es ging nicht lange, dann stand sie im Kirchengang und ihre Füße tanzten einige Schritte nach vorne und wieder zurück. Eine unerwartete Tänzerin, die ich nach einer Weile leise bat, sich bei den gesprochenen Worten eher zurückzuhalten, um mit ihrem Tanz nicht die Aufmerksamkeit der anderen zu stören.

Ab da erhob sie sich nur noch zur Musik und zu den Liedern, um diese mit ihren tanzenden Bewegungen zu begleiten. Manchmal sah es danach aus, als wollte sie über die Bankreihen hinaus nach vorne tanzen. »Aufs Podest«, wie sie mir später erklärte, und meinte damit den Altarraum.

Meine innere Anspannung legte sich mit der Zeit. Ja, ich musste sogar schmunzeln und freute mich über ihre unerwartete Gratis-Zugabe zu unserem Gottesdienst.

Beim nächsten Mal wollte sie wieder dabei sein. Sie fühlte sich bei diesem anderen Gottesdienst willkommen, akzeptiert und geachtet, wie vielleicht nur selten in ihrem Leben.

»Alles beginnt mit der Sehnsucht«. Ich war glücklich, dass es uns gelungen war, auch der unerwarteten Advents-Tänzerin in unserer Kirche Raum zu geben.

Dienstag – 1. Adventswoche

Einen Vorrat an Stille anlegen

Wie wäre es in diesem Advent einen Vorrat an Stille anzulegen, so etwas wie einen leisen Klangraum aus stillen Momenten in uns wachsen zu lassen?!

- beim Binden eines Adventskranzes und beim Schmücken unserer Wohnung
- beim Lauschen auf schöne Musik
- beim sich Zeit nehmen für Kindheitserinnerungen
- wenn wir eine Kerze anzünden
- in der Stille an einem Krankenbett oder in einem Sterbezimmer
- in Gedenkminuten bei einer Beerdigung oder im Gedenken an Opfer von Kriegen und Katastrophen
- bei Rorate-Gottesdiensten mit Kerzenschein
- in stillem Einvernehmen und stillem Glück
- beim Einatmen des Dufts von frisch gebackenen Plätzchen
- bei Spaziergängen im Wald
- beim Schreiben von Weihnachtspost
- beim Herstellen besonderer Geschenke, handgemacht
- bei einer Mahlzeit in Achtsamkeit und Stille
- bei einem Abendspaziergang durch die beleuchtete Stadt
- beim Blick zum Sternenhimmel
- beim Anblick eines schlafenden Babys

- mit dem Kanon »Meine Seele ist stille zu Gott, der mir hilft« (Psalm 62)
- bei einem wunderschönen Abendrot-Himmel
- beim Einhalten einer Sonntagsruhe
- nach dem Lesen einer Bibelstelle »Wie ein kleines Kind bei der Mutter ist meine Seele still in mir« (Psalm 131)
- indem wir Jesus folgen, der sagt: »Kommt mit an einen einsamen Ort, wo wir allein sind, und ruht ein wenig aus!« (Markus 6,31)
- in der Küche beim Kochen für unsere Lieben

Wenn wir dem Klang der Stille folgen, können wir erfahren: »Unmerklich aber unaufhaltsam führt uns die Stille dazu zu lieben.« So auch die Erfahrung von Anette, 20 Jahre, bei einer Schweigewoche in Taizé: »Schweigen heißt, mich loslassen, nur einen winzigen Augenblick Du sagen und Gott da sein lassen.« *(Homepage der Communauté de Taizé)*

… und welche Möglichkeiten, die Stille zu finden, fallen Dir noch ein?

Mittwoch – 1. Adventswoche

Barbara und meine Cousine Elisabeth

Ich möchte Euch von einer persönlichen Erfahrung an einem ganz besonderen Barbaratag in meinem Leben erzählen. Einige wissen noch um den Brauch, am Fest der heiligen Barbara, dem 4. Dezember, einen Kirschblütenzweig ins warme Haus zu holen, der dann an Weihnachten, zum Geburtsfest, erblühen soll.

Es war wieder einmal Advent. Und ich konnte erleben, dass auch noch der Tod eine Geburtsstunde sein kann.

Meine Cousine Elisabeth war mit 53 Jahren an Brustkrebs erkrankt. Als es ihr immer schlechter ging, wechselte sie noch einmal die Klinik und wurde nach Öschlbronn bei Pforzheim gebracht.

Die Familie, Mann und Kinder in München, waren nun weit weg, und ich war die Einzige aus der Verwandtschaft, die sie noch regelmäßiger besuchen konnte.

Bei meinem letzten Besuch in der 1. Adventswoche war Elisabeth schon sehr schwach, sie hielt ihre Augen die meiste Zeit geschlossen und das Sprechen fiel ihr schwer. Ich hielt ihre Hand, und in der Dämmerung zündete ich die Kerze am Adventskranz an. Ein wunderbares leises Licht füllte den Raum. Sogar ein Pfleger, der kurz hereinkam, spürte das.

»Ihr habt es aber schön hier!«, sagte er, und es war wirklich so, ein unglaublicher Frieden erfüllte dieses Sterbezimmer.

Bevor ich ging, betete ich und las meiner Cousine die Lesung des Tages vor:

»Bereiten wird der Herr der Heerscharen allen Völkern auf diesem Berg ein Festmahl ... Auf diesem Berg nimmt er die Hülle weg, die auf allen Völkern liegt, und die Decke, die über allen Nationen ausgebreitet ist.
Er vernichtet den Tod auf immer, Gott, der Herr, wischt ab die Tränen von jedem Angesicht ...«

(Jesaja 25,6–8)

Das hat mich sehr bewegt. Wenn uns die Worte fehlen, kann es sein, dass Gott uns hoffnungsvolle Worte in den Mund legt.

Es verging ein Tag und eine Nacht. Am Morgen des Festes der heiligen Barbara, am 4. Dezember, bekam ich den Anruf aus der Klinik, dass Elisabeth in der Nacht ganz still und friedlich eingeschlafen sei.

Ich fuhr sofort nach Öschlbronn. Ohne zu überlegen und zu fragen, ging ich in ihr Krankenzimmer. Ich weiß auch nicht, was ich erwartet hatte. Aber es war ausgeräumt. Kein Bett mehr am Fenster. Nur Leere! Das traf mich sehr, es tat weh und machte traurig. Ich spürte die grausame Lücke, die der Tod reißt.

Da wurde mein Blick Richtung Fenster gezogen, und ich sah eine Amaryllis, die ich als grünen Stumpf Elisabeth vor einiger Zeit mitgebracht hatte. An diesem Morgen des Barbaratages war diese Amaryllis hoch aufgewachsen und sie blühte zum ersten Mal in voller Pracht.

So ist das, dachte ich: Gott schenkt uns Blüten mitten im Winter und mitten im Tod schenkt Gott uns das Leben.

Donnerstag – 1. Adventswoche

Maria durch ein Dornwald ging – Helenas Adventsfenster

Ein Advents-Brauch in unserem Städtchen sind die »Advents-fenster-Abende«. Familien, Gruppen oder Kreise laden dazu ein, vor ihrem Haus, dem Gemeindesaal oder dem Eine-Welt-Laden. Es wird gesungen, Geschichten und Impulse werden vorgelesen, und danach gibt es noch einen warmen Tee und Gebäck.

Helena, meine Tochter, hatte ihre Tür zum Garten als gro-ßes Adventsfenster gestaltet. Das Lied »Maria durch ein Dornwald ging« hat sie dazu inspiriert.

Im Mittelpunkt eine wunderschöne, hochschwange-re Maria im roten Kleid. Helenas kleine Töchter hatten auf die eine Seite das Dornengestrüpp mit Fingerfarben gemalt, dazu Worte wie: Streit, Umweltzerstörung, Krankheit, Krieg, Stress … Und dem gegenüber auf der anderen Fensterseite waren ganz viele Rosenzweige und grüne Knospen zu sehen.

Austragen

Manchmal gehst du
wie Maria
durch einen Dornwald
der sieben Monate
sieben Jahre oder gar länger
kein Laub getragen hat

Ein Gestrüpp wie Stacheldraht
das Gefängnis der Einsamkeit
Leid und Trennung
Krankheit und Sterben
die Trauer um ein verlorenes Kind
den sterbenden Vater
die sterbende Mutter

In deinem Herzen
trägst du die Erinnerung
an bessere Zeiten
das Lachen gemeinsamer Stunden
die Wärme eines Sommertages
und die Verheißung
eines neuen Lebens
das göttliche Kind in dir

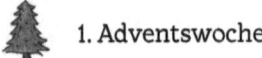 ## 1. Adventswoche

Wenn du es austrägst
allem Schmerzlichen
allem Tödlichen zum Trotz
aushalten kannst und durchhalten
durch die Dornen hindurch
dann knospt es
hier und da
leise und unscheinbar oft

Du spürst es
an innerer Ruhe
und Frieden
Wunden können heilen
die Verzweiflung weicht
Schritt für Schritt
der Klarheit stiller Freude
und Dankbarkeit

Dornen können Rosen tragen

Freitag – 1. Adventswoche

Brief an meine Enkelin

Liebe Minna,

wenn ich von neuem Leben höre, dann gehen mir natürlich wieder die langen Wochen und Monate durch den Kopf, in denen wir sehnsüchtig auf Dich und Deine Geburt gewartet haben!

Schon mit der Verheißung, dass Du unterwegs bist, begann für uns die Zeit der Spannung und des Wartens. Deine Eltern haben einen guten Zeitpunkt gewählt, um mich und unsere große Familie damit zu überraschen.

Es war zwei Wochen nach dem Osterfest, der Tag, an dem deine Großcousine Anne Erstkommunion gefeiert hat. Alle fünf Tanten und Onkel, fünfzehn Cousinen und Cousins, auch Donatus und Lena, Deine Mama, Dein Papa, Deine Schwester Lea und ich waren zum Fest an der Mosel bei Deiner Uroma Hanni zusammengekommen.

Ich weiß noch genau, wann Deine Eltern mir gesagt haben, dass es da noch einen winzigen Gast gibt, der das Fest mit uns feiert. Es war nach dem feierlichen Gottesdienst vor der Kirche. Das obligatorische, große Familienfoto war gemacht und die Festgesellschaft ging schon voraus zum Feiern. Dein Papa hatte dieses spitzbübische Lächeln und Deiner Mama schauten ebenfalls das Glück und die frohe Erwartung aus allen

Knopflöchern, wie man so sagt. Die Sonne schien vom Himmel und in meinem Herzen wurde es ganz warm vor Glück und Freude.

Die frohe Nachricht verbreitete sich wie ein Lauffeuer und alle freuten sich mit uns, denn Deine Mama Helena war schließlich die Erste unter allen Cousinen, die ein Kind zur Welt brachte, und jetzt sollte sogar noch ein weiteres Baby dazukommen. Das fanden alle »cool«. Es war außergewöhnlich und spannend, was sich da mit Deiner Geburt im Dezember ankündigte. Mit Sekt und Orangensaft, Helena nahm natürlich ein Glas Saft, haben wir alle mit großer Freude miteinander angestoßen und Dich in unserer Familie zum allerersten Mal in dieser Welt willkommen geheißen!

Samstag – 1. Adventswoche

Leise, langsam, liebevoll

Leise will ich in diese erwartungsvolle Adventszeit gehen und
allzu Lautem entfliehen, das meine Gedanken belegt, meine
Ohren verstopft und all meine Sinne beeinflusst,
leise suche ich frei zu werden und mir und dir zu begegnen.

Langsam will ich Schritt vor Schritt setzen draußen an frischer
Luft, abseits der Staus auf den Autostraßen und dem Men-
schengedränge in den Geschäften mit übervollem Warenange-
bot. Will einen Zweig mit Knospen oder grüne Tannenzweige
ins Haus holen, hoffnungsgrün.

Liebevoll will ich wieder erfahren, wer ich wirklich bin
mit meiner Sehnsucht nach mehr,
will hinaufschauen zum Himmel und Deine Nähe spüren in
der Dämmerung,
wenn der Abendstern aufgeht.

2. Adventswoche

Gerechtigkeits- und Friedensbringerinnen

2. Adventssonntag

Ihr Lieben,

»Gerechtigkeit und Frieden küssen sich.« (Psalm 85,11) Ein eng umschlungenes Paar, die Gerechtigkeit und der Friede, unzertrennlich. Zusammen bewegen sie die Welt.

Welch hoffnungsfrohe und wunderbare Bilder stellt uns der Prophet Jesaja dazu vor Augen:

»Sie werden ihre Schwerter zu Pflugscharen schmieden und ihre Speere zu Winzermessern ... Dann übt man nicht mehr für den Krieg.«

(Jes 2,4)

»Dann wohnt der Wolf bei dem Lamm und lagert der Panther bei dem Böcklein. Kalb und junge Löwen weiden gemeinsam, ein kleiner Junge kann sie hüten ... Der Säugling spielt am Schlupfloch der Otter und in die Höhle der Natter streckt das entwöhnte Kind seine Hand.«

(Jes 11,6.8)

So die atemberaubende Aussicht auf das Friedensreich unseres Gottes, coexistentia oppositorum. Ein Nebeneinander und Miteinander von Gegensätzlichem, weiblich und männlich, jung und alt, stark und schwach, Mensch und Tier. Ein gemeinsames Leben in Gottes guter Schöpfung. Einheit in der Vielfalt. Friede und Gerechtigkeit.

Gut, dass schon seit Jahrtausenden diese großartige Vision nicht verstummt, auch wenn die Menschen noch meilenweit davon entfernt sind, »zum Gottesberg aufzubrechen« und »im Licht zu wandeln«. (Jes 2,3.5)

Zünden wir das Licht an zu diesem 2. Adventssonntag!

Ich denke dabei auch an Geschlechtergerechtigkeit als Voraussetzung für den Weltfrieden. Selbst in unserer westlichen Welt und Kirche müssen Frauen noch um ihre Würde, Freiheit und Selbstbestimmung als Mensch und Ebenbild Gottes kämpfen. Darum kämpfen, dass ihr gesellschaftlicher Beitrag in Hausarbeit, Kindererziehung und Pflege anerkannt und gewürdigt wird, dass sie auf Augenhöhe mit den Männern gesehen werden, berufliche Chancengleichheit herrscht oder gleiche Bezahlung für gleiche Arbeit gilt. Ganz zu schweigen von Unterdrückung und Gewalt, sogar im eigenen Zuhause und in ihrer Partnerschaft. Nicht zu vergessen die erschreckend hohe Zahl an Femiziden, denen Frauen auch in diesen Tagen noch weltweit ausgeliefert sind.

Es wird Zeit, dass sich Gerechtigkeit und Friede umarmen, auch in unserem alltäglichen Leben.

von Herzen   *katharina*

PS: Am 2. Sonntag im Dezember wird weltweit dazu eingeladen, mit einer brennenden Kerze am Fenster all der »Sternenkinder« zu gedenken, die während oder kurz nach der Geburt gestorben sind. In diesem Jahr fällt mir dazu eine Verbindung zum Fest der »Empfängnis Marias« am 8. Dezember ein, auf das ich morgen eingehe.

Maranatha! Du Ewiger! Du All-Eine!

Maranatha
komm bald Du Ewiger
Du All-Eine

Erlöse Du uns von dem Bösen
es wurzelt tief
in den Herzkammern unserer Zeit
so verschlungen
dass es uns nicht mehr gelingt
Gutes vom Bösen zu scheiden

Dein Heiliges Land
ist von Menschenblut besudelt
Kain wütet gegen seinen Bruder
in blankem Hass
kein Stein mehr auf dem anderen
auf deinem heiligen Berg

Das Haus der Heilung
Al-Schifa
wird zur Todeszone
Frauenkörper zum Schlachtfeld
Kinder in höchster Gefahr

Gerechtigkeits- und Friedensbringerinnen

Wie damals das Gotteskind
sind dreißig Frühgeborene
auf der Flucht nach Ägypten
nicht mit den Eltern
die vielleicht schon umgebracht
eine WHO sorgt für sie

Den Gottesstaat wollen sie ausrufen
die Terroristen
auch auf den Marktplätzen
unseres Landes
dessen Freiheit sie verabscheuen
Menschenrechte
und Geschlechtergerechtigkeit
sind ihnen ein Gräuel

Auch bei uns
bist Du in weite Ferne gerückt
wir verstehen so wenig von Dir
sind taub gegenüber den Worten
der alten Propheten
die von Schwertern sprechen
die zu Pflugscharen werden

Maranatha
komm bald Du Ewiger
Du All-Eine
lass Deine Verheißung
für alle Menschen wahr werden

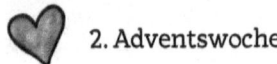

Lass aus dem Baumstumpf Isais
einen jungen Trieb emporwachsen
den Wolf Schutz finden beim Lamm
und unser Land
die Eine Welt erfüllt sein
von Deiner Erkenntnis

(vgl. Jesaja 2,4; 11,1.6.8)

Montag – 2. Adventswoche

Die Erwählung Marias oder das »Fest der unbefleckten Empfängnis«

Lange Zeit war mir der Zugang zum »Hochfest der ohne Erbsünde empfangenen Jungfrau Maria« versperrt, das die katholische Kirche am 8. Dezember feiert. Zuvor hieß es kurz: »Das Fest der unbefleckten Empfängnis«.

Ein missverständlicher alter Name, den ich gar nicht schätze, legt er doch die Abwertung von Sexualität durch unsere Kirche nahe. Die »Sünde der Sexualität«, mit der Frauen über Jahrhunderte als Verführerinnen abgestempelt und missachtet wurden.

Inzwischen hat sich meine Haltung zu diesem kirchlichen Festtag geändert, der auf die Empfängnis Marias durch ihre Mutter Anna hinweisen will. Maria sozusagen als das unverfälschte Konzept Gottes vom Menschen, heil, unversehrt und offen für seine Wunder.

Ich sehe inzwischen auch, dass es sinnvoll sein kann, diesen intimsten und privatesten Moment einer Empfängnis als Wunder Gottes zu feiern. Wie anfällig ist dieser Moment gerade heute für Manipulation, ein Experimentierfeld für Forschung und Technik oder gar ein Einfallstor für menschliche Machtausübung und Gewalt.

Es ist unser Glaube, der uns Menschen vor der Hybris bewahren kann, sein zu wollen wie Gott. Die Gottesworte aus der biblischen Schöpfungsgeschichte *»lasst uns den Menschen* *machen«* (Genesis 1,26), könnten sie inzwischen nicht für das Handeln des modernen Menschen stehen?

Wie groß und geheimnisvoll dieses Wunder einer Empfängnis immer noch ist, eben nicht Menschenwerk, das haben vor allem Frauen erfahren, deren Kinderwunsch unerfüllt blieb oder die ihr Kleinstes noch während der Schwangerschaft oder unmittelbar nach der Geburt verloren haben. Sie wissen, wie weh es tut und welcher Verlust es ist, diese Hoffnung sterben zu sehen.

Den folgenden Brief schreibe ich an eine junge Frau, die mir sehr nahesteht, aber auch für alle Frauen, die ein ähnliches Schicksal erleben mussten und deren Hoffnung sich in Verzweiflung gekehrt hat.

Meine Liebe,

es ist ein leeres Blatt – Luftpostpapier –, das ich nehme. Keine Spruchkarte, kein Bild. Ich vermute, dass jedes Wort, das ich schreibe, eines zu viel sein kann …

Das war ein sehr trauriger Tag gestern, für unsere ganze Familie … wie viel mehr für Dich!

Dein Herz wird übervoll mit Trauer und Tränen sein!

Trost-Worte finde ich da auch nicht so schnell.

Mein geistlicher Begleiter sagte einmal: Wir sollen nicht fragen »Warum?«. Wir sollten fragen »Wozu?«

Aber auch auf diese Frage lässt sich so schnell keine Antwort finden.

Ich habe gebetet, ja. Und ich werde auch weiterhin beten für Dich, für Deine Familie – für uns alle.

Ich habe gebetet ohne Worte und in der Stille. Bin noch sehr spät hinausgegangen in die Sommernacht, habe mich hingesetzt und lange hinaufgeschaut zum dunklen Himmel. Ein klarer Nachthimmel voller kleiner Sterne. Und dann fiel vor meinen Augen doch wirklich eine Sternschnuppe Richtung Erde. Nur Sekunden, aber wunderbar und Zeit genug, einen innigen Wunsch nach oben zu schicken.

Viele Erinnerungen kamen mir. Auch an meine Mutter, deren drittes Kind, mein Brüderchen A., behindert geboren wurde und nur drei Monate gelebt hat. Sie hat versucht, dieses Schicksal mit meinem Vater im Glauben anzunehmen. Den Spruch, den sie für den kleinen Grabstein ausgesucht hatten, sehe ich heute noch vor mir: »Du kamst, du gingst mit leiser Spur, ein flüchtger Gast im Erdenland. Woher? Wohin? Wir wissen nur: aus Gottes Hand. In Gottes Hand!«

Meine Liebe, ich wünsche Dir nicht nur Schmerz, sondern auch Tröstliches. Nicht nur eine innere Wunde, sondern auch Heilung. Nicht nur eine innere Leere, sondern auch Raum für neues Leben.

Sei umarmt von Herzen   *katharina*

Dienstag – 2. Adventswoche

Nikolasa – eine Frauenpredigt zur Geschlechtergerechtigkeit in unserer Kirche

Nikolasa hieß die Tante von Genaro in Bolivien. Sie war eine starke, robuste Frau und Mutter mit hübschem Gesicht, langen schwarzen Zöpfen und dem kurzen weiten Rock der Indiofrauen.

Ich kannte ihr Geburtsdatum nicht, könnte aber wetten, dass es der 6. Dezember war. In Bolivien werden Babys nämlich nach den Heiligen benannt, auf deren Festtag sie geboren sind. Und am 6. Dezember steht nun mal St. Nikolaus im Kalender. Wenn es eine Petra und eine Paula gibt, warum sollte es dann nicht auch eine Nikolasa geben?

Ein weiblicher Nikolaus also. Und ich will einmal versuchen, den großen Bischof von damals, um 300 in der Hafenstadt Myra, mit den Frauen von heute in Verbindung zu bringen. Nikolaus, der wirklich ein guter Hirte, ganz nach dem Vorbild Jesu im Evangelium dieses Tages, war. (Mt 18,12–14)

Was die Legenden berichten, zeigt durchaus auch weibliche und mütterliche Züge des heiligen Mannes. Er soll sehr gütig und barmherzig gewesen sein. Barmherzigkeit bedeutet im Hebräischen auch »Mutterschoß«.

Ich sehe in den alten Legenden, die sich um Nikolaus ranken, mütterliche Züge, weil Bischof Nikolaus sehr um das Wohl der Menschen in seiner Gemeinde von Myra besorgt war. Er litt mit ihnen als eine große Hungersnot kam. Und wie eine Mutter ihre Kinder ernähren und versorgen will, brachte er es zustande, dass ein ägyptisches Getreideschiff auf dem Weg ins römische Reich im Hafen von Myra anlegte und die Besatzung einen Teil des Getreides auf wunderbare Weise abladen konnte, sodass die Menschen von Myra nicht mehr hungern mussten.

Und als Nikolaus erfuhr, dass ein Vater wegen Armut daran dachte, seine drei Töchter zu verkaufen, warf er heimlich Geldsäckchen in dessen Haus als Mitgift für die jungen Frauen, die so vor der Prostitution bewahrt blieben.

Es muss schon ein beeindruckender Mensch gewesen sein, dieser heilige Nikolaus, sodass sich seine Geschichten bis heute halten, und wir seinen Festtag feiern, oft mit süßen Gaben für die Kinder.

Als Kind hatte ich Angst vor diesem großen Mann. Denn am Nikolaustag bei beginnender Dämmerung machte er sich auf den Weg durch unser kleines Moseldorf und besuchte die Häuser. Unter dem Gewand steckte einer der ältesten Jungs aus der 8. Klasse. Aber er war nicht allein. Mit ihm kam der »Belsebock«, der Knecht Ruprecht. Eine furchterregende Gestalt, ganz in schwarz, einen schwarzen Strumpf über das Gesicht gezogen, eine Rute und eine schwere Kette in der Hand.

Wie der leibhaftige Teufel kam er mir vor, mit seinem schrecklichen Gebrüll und dem lauten Kettengerassel draußen in den stillen Straßen. Niemals hätte ich mich an diesem Abend allein vor die Haustür getraut.

Und meine Mutter gebot dem wilden Gesellen auch stets, draußen zu warten und ließ nur den heiligen Mann in unsere

Stube. Das leise Kettenrasseln vor der Tür hat mich dennoch ängstlich erstarren lassen. Heilfroh war ich, wenn der Nikolausbesuch überstanden war.

Mit den Jahren drehte sich das Blatt. Als Leiterin einer Pfadfinderinnengruppe schlüpfte ich selbst in das Nikolausgewand und ließ bei unserer Adventsfeier im Dorfgemeinschaftshaus Pfarrer, Bürgermeister und Lehrer vortreten und las ihnen aus meinem goldenen Buch vor, was da von ihnen so geschrieben stand. Das Gute und das weniger Gute.

Auch meine Mutter hatte sich im Lauf der Zeit ein Bischofsgewand geschneidert und zog es am Nikolausabend über, um ihren Enkelinnen nebenan bei einbrechender Dunkelheit mit angemessenem Schreiten und dunkler Stimme zu verkünden: »Tief vom Walde komm ich her, ich muss euch sagen, es weihnachtet sehr!«

Die Angst war verschwunden, es war nur noch spannend, feierlich und adventlich, auch bei allen weiteren Gelegenheiten, an denen ich den Nikolausabend im Gewand dazu nutzte, Überraschung und Freude zu bringen, sei es im Kirchenchor, beim Pfarrgemeinderat oder bei meinen eigenen Kindern und Enkelkindern.

Und nachdem wir ja wissen, dass es auch zahlreiche Frauen als große Heilige gibt, knüpfe ich an diese positiven Erfahrungen einfach die Frage: Warum sollten nicht auch Frauen in ein Bischofsgewand schlüpfen? Nicht nur im heiligen Spiel, sondern wirklich!

»Träum weiter, Katharina«, höre ich diejenigen sagen, die wollen, dass in unserer Kirche alles beim Alten bleibt. Dabei verstehe ich mich als wertekonservativ und weiß den großen

Reichtum meines Glaubens zu schätzen. Aber ist Gott nicht stets im Kommen? Will Gott nicht immer wieder neu geboren werden in uns? Und soll seine Kirche nicht eine »semper reformanda« sein, eine Kirche, die sich stets erneuert? Auch dann, wenn römische Kurienkardinäle den Synodalen Weg in Deutschland am liebsten stoppen würden.

Und so füge ich an diesem Abend meinen Weihnachtswunsch an, dass unsere Kirche hier bei uns nicht noch mehr ausbluten und erstarren möge. Dass es in unserer Kirche nicht erst in allzu ferner Zeit kein unheilvolles Machtgefälle zwischen Männern oben und Frauen unten, keinen Machtmissbrauch, auch kein Vertuschen mehr geben mag. Ja dass es Bischöfinnen, Hirtinnen nach dem Vorbild Jesu, geben möge. Es wäre für mich ein geistbewegter Schritt, wenn Frauen und Männer in unserer Kirche auf Augenhöhe miteinander leben, glauben und arbeiten könnten. Schließlich hieß es schon beim 2. Vatikanischen Konzil, dass wir alle durch die Taufe berufen sind, Prophetinnen, Königinnen und Priesterinnen zu sein.

Ich glaube, der heilige Bischof Nikolaus hätte im Himmel seine helle Freude daran!

Mittwoch – 2. Adventswoche

Großmutter sein und Zeit schenken

Das wichtigste Geschenk, das ich meinen Enkelkindern machen kann, ist es, Zeit für sie zu haben, und das nicht erst an Weihnachten.

Zeit für Eliese etwa, die mich im Advent täglich anruft. Inzwischen kennt die Vierjährige meine Telefonnummer und kann selbst wählen.

Der Anruf beginnt immer mit dem gleichen Satz: *Hallo, hier ist Eliese T.* – Ja, sie sagt immer ihren Nachnamen dazu, was mich insgeheim amüsiert. – *Hallo Oma, kann ich jetzt zu dir kommen?* Ihre Stimme erkenne ich schon beim fröhlichen *Hallo*.

Natürlich antworte ich meistens mit *Ja*. Absagen ist bei Eliese sowieso zwecklos, auch wenn ich alles andere stehen und liegen lassen muss, wenn sie kommt. Es dauert nicht lange und schon steht sie vor meiner Tür. Neuerdings geht Eliese den kurzen Weg von Haus zu Haus allein, auch wenn es eine Seitenstraße zu überqueren gilt. Sie ist stolz, dass sie schon so groß ist mit etwa einem Meter Körpergröße.

Jedes Mal, wenn Eliese eintrifft, auch wenn es kurz nach dem Mittagessen ist, hat sie natürlich Hunger. Selbstverständlich nicht auf irgendetwas, sondern auf etwas Süßes, das es bei ihr daheim nicht so oft gibt.

Der nächste Gang führt sie in meinen Keller. Es ist immer das gleiche Ritual. Sie greift nach meinen rosaroten Stöckelschuhen aus Lackleder, die ich selbst noch nie getragen habe, dafür aber Eliese Tag für Tag. Es ist unwesentlich, dass diese Pumps ihr noch viel zu groß sind. Gekonnt klappert sie damit über das Parkett in meinem Wohnzimmer.

Eliese ist eine Meisterin im Rollenspiel und ihre Fantasie grenzenlos. Plötzlich steht sie vor mir und hat nur noch einen Schuh an. *Ich bin Aschenbrödel*, behauptet sie, *und du bist der Prinz und musst mir jetzt den anderen Schuh suchen.* Dieser Schuh liegt gut sichtbar in der Mitte des Raumes. *Er ist »festgekloben«*, sagt Eliese, die Wortschöpferin, und meint »festgeklebt«. *Du musst ihn mir bringen.*

Natürlich fällt es mir, dem Prinzen, nicht schwer, ihren Wunsch zu erfüllen. *Und jetzt müssen wir heiraten*, sagt sie. Meine reizende Braut heißt Marie und ich bin ihr Moritz. Nun braucht sie aber noch den Brautschleier von Anno dazumal und ein weißes Oberteil. Sie sieht entzückend aus und natürlich will ich sie heiraten. Also, ab in die Kirche. Wir gehen feierlich und langsam die wenigen Meter zur Gebetsecke mit meiner Ikone und nehmen nebeneinander auf den kleinen Schemeln Platz, stecken uns die unsichtbaren Ringe an die Finger und der Bräutigam spricht ein Gebet, in dem er Gott für seine Braut dankt und seine Freude über diese wunderbare Hochzeit kundtut. Amen

Donnerstag – 2. Adventswoche

Dorothea

Ich bin betroffen.

Es geht um meine Schwester Dorothea und ihre Kinder.

Ihr Zuhause ist ein altes, verträumtes Haus wie aus einem Märchenbuch.

Es hat Platz für alle und einen großen Garten, in dem es viele Schattenbäume gibt, die reichlich Früchte tragen, auch einen Teich zum Spielen und Kaninchen und Hühner, die am grünen Gras zupfen.

Im Haus wacht Hündin Merle. Groß und schwarz mit scharfen Zähnen, aber eine Hundeseele treu und weich wie Butter.

Kein Zimmer sieht aus wie das andere. Jedes Kind hat sein eigenes Reich und seinen eigenen Geschmack. Die Wände sind bunt bemalt und freundlich, und natürlich gibt es Durcheinander, schöpferisches Chaos und auch Dreck, der oft von außen hereingetragen wird.

Es ist nämlich ein offenes und gastfreundliches Haus. Freunde und Freundinnen kommen und gehen. Da wird erzählt und zugehört, geweint und miteinander gelacht.

Immer wieder treffen sich alle am großen Tisch oder in der gemütlichen Küche.

Das ist das Reich meiner Schwester, die oft am Herd und Ofen steht.

Das Feuer ihrer Gegenwart brennt hell in ihrem Haus. Ich weiß nicht, wie oft sie an den Krankenbetten ihrer Kinder saß und Nachtwache hielt, auch wenn ihr die Augen fast zufielen. Es galt durchzuhalten, bis sie gesund waren.

Ein Haus kann ein Segen sein.

Auch so manches Gebet erfüllte das Haus meiner Schwester, manchmal ein fröhlich gesungenes, manchmal ein trauriges aus vielen Tränen.

Ein Haus kann ein Segen sein.

Wenn Beziehungen zerbrechen, flüstern seine Mauern: Du bist beschützt und umfangen, versprechen, dass die Welt doch noch einen Ort der Liebe und Geborgenheit kennt.

Meine Schwester wusste das und ging bis zum Äußersten im Einsatz ihrer Kräfte, um ihren Kindern dieses Zuhause zu erhalten und zu renovieren.

Es war vor Beginn des Advents. Meine Schwester hatte grüne Zweige in die Blumenkästen vor ihrem Haus gesteckt und einen grünen Kranz für das Wohnzimmer gebunden.

Auf dem Marktplatz versammelten sich die Menschen in einem »Bündnis gegen Rechts«. Auch der Vater ihrer Kinder gehörte zu denen, die an die Öffentlichkeit gingen. Er wohnte nicht mehr bei seiner Familie. Sonst war Dorothea mit vielem nicht einverstanden, was er tat, aber diesen Einsatz hat auch sie innerlich befürwortet.

Nichtsahnend was in einer der darauffolgenden Nächte passieren würde.

Ein Nachbar machte sie in der Morgenfrühe darauf aufmerksam. Sie solle einmal hinschauen, was da groß auf ihrer Hauswand prangte.

Ihr gesegnetes Haus war besudelt mit drei riesigen Hakenkreuzen in brauner Farbe.

Braune Farbe auch auf den Fenstern, sodass man nicht mehr herausschauen konnte.

So penetrant braune Farbe, dass sie nicht wegzuwischen, wegzukratzen war, beim besten Willen nicht.

Meiner Schwester ging es schlecht, obwohl es viele Freundinnen und Freunde gab, auch Bekannte, ja sogar Unbekannte, die sie unterstützen und helfen wollten.

Ihr Zuhause, ihre Insel Glück, ihr sicherer Rückzugsort, plötzlich ein Hassobjekt, zum Abschuss freigegeben.

Ein neuer Anstrich war zu teuer. Doch beschenkt mit der Fantasie der Liebe nahm Dorothea eines Morgens im Advent Pinsel und blaue Farbe und machte aus den Hakenkreuzen drei blaue Sterne, riesengroß, auf der Wand ihres Hauses, die leuchteten hin zur Weihnacht.

Liebe, die den Hass verwandelt in Sterneleuchten.

(Leider hatte die Geschichte damit kein Happy End. Es wurde in der Passionszeit noch eine Leidensgeschichte daraus. Ein Brandanschlag um Mitternacht auf dieses Zuhause. Es war versuchter Mord und hätte meiner Schwester und ihren Kindern fast das Leben gekostet.)

Freitag – 2. Adventswoche

Mein Wunschzettel

Gebet um Gerechtigkeit und Frieden

Gott, lass alle, die glauben wollen, auch mich, nicht verzwei-
feln.
Steh uns zur Seite in der Kälte und Dunkelheit unserer Zeit.
Lass die Angst kleiner werden. Schenke uns den Glauben an
das Gute zurück.
Setze den Gewaltsamen durch deine Zuwendung Grenzen.
Lass den Hass schmelzen wie Eis in der Sonne.
Verwandle jede scharfe Aggression in ein warmes Mitgefühl.
Schenke allen Einsamen eine freundliche Gemeinschaft.
Gib deinen Gemeinden offene Türen für alle, unabhängig von
Herkunft oder Geschlecht.
Schenk uns deinen Geist.
Lass uns mit anderen unsere Gaben und Möglichkeiten teilen.
Lindere durch uns Armut, Not und Leiden.
Tröste durch uns selbst noch in Sterben und Tod.
Gib uns die Fantasie der Liebe.
Meine innigsten Wünsche gehen zu dir, Gott.
Für alle Menschen, die nach dir suchen und dich nicht mehr
finden,
auch in deiner Kirche nicht.
Lass uns neu glauben lernen.

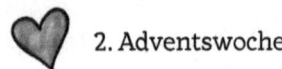

2. Adventswoche

Gib uns die Begeisterung und die Liebe des Anfangs zurück. Jetzt ist die Zeit, dass wir wieder zu uns und zu Dir finden. Lass das kleine Mädchen Hoffnung neugeboren sein in uns und unter uns.

Samstag – 2. Adventswoche

Brief an meine Enkelin

Liebe Minna,

angekündigt warst du für den 1. Advent, was übersetzt ja auch »Ankunft« heißt, und von daher prima gepasst hätte. Bei mir, Deiner erwartungsvollen und besorgten Oma, war es so, dass ich mich praktisch ab Mitte November in Rufbereitschaft zur Geburt befand. Ab da gab es für mich nichts Wichtigeres, als täglich und stündlich auf Dich zu warten. Mit Deiner Mama hatte ich am Telefon mehrfach alles besprochen und geplant. Alles hatten wir bedacht. Wie wäre es, wenn Du mitten in der Nacht kommen wolltest oder aber am Mittag, wenn Lea gerade aus dem Waldkindergarten nach Hause käme? Natürlich gab es auch noch Eure Nachbarin und Deine andere Oma, die einsatzbereit waren, aber ich wünschte mir doch inständig, dass ich es sein würde, die in der Stunde Deiner Geburt ganz in der Nähe wäre und ein wenig dazu beitragen könnte, dass alles gut geht und glücklich verläuft.

Eines war für mich klar: dass ich mich, wenn es losginge, direkt ins Auto setzen würde, um nach Markgröningen zu eilen und Deine Schwester Lea zu betreuen; damit vor allem Deine Mama sich in Ruhe darum kümmern könnte, Dich gut zur Welt zu bringen, und Dein Papa Zeit hätte, sie dabei zu unterstützen.

 ## 2. Adventswoche

Bei meinen beruflichen Terminen, egal ob zur Krippenspielprobe der Kinder, im Pfarrgemeinderat oder beim ökumenischen Treffen, äußerte ich stets zu Beginn die schöne Vorwarnung, dass es durchaus sein könnte, dass ich einen Anruf bekäme und zur Geburt meines zweiten Enkelkindes gerufen würde. Ich hatte extra für mein Handy eine neue, lustige und hoffnungsgrüne Froschkönig-Filzhülle gekauft und legte es damit für alle sichtbar auf den Tisch. *Juhu, ich werde wieder Oma!*

3. Adventswoche

Freudenbotinnen und Lichtträgerinnen

3. Adventssonntag – Gaudete

Ihr Lieben,

die Freude ist selten geworden unter uns. Findet Ihr nicht auch?

Wann habe ich zum letzten Mal so richtig lachen können? Jubeln, Jauchzen und Frohlocken, das hört sich recht bombastisch an.

Aber vielleicht ist Freude nicht immer diese laute, überschwängliche Freude, sondern eher leise und zart. So behutsam, dass sie die vielen Traurigen, Leidenden und Schwermütigen dieser Tage nicht verletzt.

Es muss kein lautes Lachen sein. Ein leises Lächeln mit Blick nach oben oder bei der kurzen Begegnung mit anderen, vielleicht sogar ein Lächeln gegenüber Fremden in einer vollen Fußgängerzone, das wäre auch schon viel.

Freude ist ein Zeichen, dass Du dem Licht nahe bist!

Es ist schön, wenn wir ganz bewusst eine Kerze anzünden können, am Adventskranz sind es jetzt drei. Der Blick auf das Licht lädt uns ein, Stille zu halten.

Oder wir schauen draußen im Dunkeln nach oben an den Himmel. Vielleicht sind Sterne zu sehen.

Ein kleines Gebet, mündlich überliefert in moselfränkisch, meiner Vatersprache sozusagen, möchte ich anfügen, weil es so lichtvoll ist:

Leewer Gott,
Jeff oos en Herz voller Lischt,
wo och em Dunkele brennt,
datt eins em annere leuschte kann,
en Lischt fier die newe drann
– dann schaffe mir et am End'

von Herzen   *katharina*

Gaudete! Freuet Euch!

Steig auf einen hohen Berg, du Botin der Freude
erheb deine Stimme, fürchte dich nicht
tröste, tröste mein Volk,
rede den Herzen zu, du Botin der Freude,
erheb deine Stimme mit Macht,
sag den Menschen, sag den Städten
siehe da ist euer Gott, er selbst kommt,
um euch zu retten.
Juble, jauchze,
blühe prächtig wie die Lilie,
sag den Verzagten, seid stark
fürchtet euch nicht
seht euer Gott
Jauchze, ja jauchze und frohlocke,
du Botin der Freude,
Gott selbst kommt, um dich zu retten

nach Jesaja 35 und 40

Montag – 3. Adventswoche

Wie soll ich dich empfangen?

Ein neuer Morgen, eine neue Adventswoche!

Heute bin ich an der Reihe, sage ich mir. Gestern war ich für die anderen da. Kinder und Enkelkinder, alle waren eingeladen zum Adventstee bei mir.

Statt stiller, besinnlicher Zeit eher ein lautstarkes Durcheinander, nicht nur wegen der kleinen Kinder. Johann, vierzehn Monate, will nicht krabbeln, sondern von mir geführt werden, auf noch wackligen Füßen, aber vorwärts die steile Treppe hinunter. Oft zwei Stufen gleichzeitig. Ich bemühe mich, sein Tempo mitzuhalten.

Meine vierzehnjährige Enkelin fragt: »Oma, hast Du eine Haarspange und ein rotes Geschenkband?« Sie will sich für den Winterball der Schule und für die Festtage eine große Schleife ins lange dunkle Haar binden. Ich laufe mit ihr ins Bad im ersten Stock. Und dann vom Bad in den Keller und zum Bügelbrett, um ihre Wünsche zu erfüllen.

Vorbei geht's an meinen erwachsenen Kindern. Sie sitzen bei Kerzenschein am gedeckten Tisch und unterhalten sich lebhaft. Ich gönne es ihnen. Oft gibt es diese Gelegenheit nicht.

Nebenher rollen unzählige Murmeln über die Kugelbahn, die Eliese und Clara begeistert nutzen. Kleine Schwester sagt Eliese zu ihrer Cousine. Und mich nennt sie große Schwester. Minna versucht die vielen bunten Duplo-Steine, die ihr

Brüderchen im Raum verteilt hat, wieder zu einem kunstvollen Bauwerk zusammenzufügen. Auch Seifenblasen werden gepustet und das Schaukelpferd eifrig genutzt. Es quietscht, ebenso wie der alte Puppenwagen, der mitsamt der Pappmaché-Katze durch den Raum geschoben wird. Der schönste Spielplatz ist Omas Wohnzimmer.

Am Abend bin ich müde und erschöpft. Ich zweifle und suche eine Antwort auf die Frage: *Wie soll ich dich empfangen und wie begegnen dir?*

Ein neuer Morgen. Eine neue Adventswoche. Heute bin ich an der Reihe, sage ich mir. Gestern war ich für die anderen da.

Frühlingstemperaturen im Dezember. Sogar ein wenig Sonnenschein. Ich habe Sehnsucht nach frischer Luft und Wind um die Nase. Steige aufs Fahrrad. Nach längerer Zeit endlich wieder einmal.

Beschwingt radle ich durch die Felder. Sie sind abgeerntet und frisch gepflügt. Nur der Raps hat es geschafft, in diesem späten Jahr nochmals zu blühen. Grünfutter fürs Vieh und Grünkraft für mein Auge.

Es tröpfelt. Ja puste nur fest die dunklen Regenwolken hinweg, sage ich zu Bruder Wind. Vor mir eine große Pfütze. Braunes Wasser und viel Matsch von den langen Regentagen. Der Gegenwind wird stärker. Fest in die Pedale treten. Nur nicht stehen und stecken bleiben. Es strengt mich plötzlich sehr an, meinen Ausflug in die Freiheit an diesem Morgen fortzusetzen.

Es wird immer mühsamer. Zu mühsam. Auf halber Strecke beschließe ich, umzukehren. Eine Qual soll mein Weg in die Weite schließlich nicht sein.

Eine gute Entscheidung, denn mit der Windkraft im Rücken verleiht mir dieser Morgen doch noch Flügel.

Auch kommt mir der Gedanke, ob es nicht oft in meinem Leben so ist, dass ich schöne Pläne schmiede und Unternehmen plane, sei es in der Familie oder als Kirchenfrau in der Gemeinde, und dann so viel starken Gegenwind spüre, dass es mühsam wird und keine Freude mehr macht, so unterwegs zu sein.

Vielleicht wäre es besser, hin und wieder einzuhalten und umzukehren, um mit Wind im Rücken mir wieder Flügel wachsen zu lassen wie an diesem Adventsmorgen.

Kann ich dich so empfangen und so begegnen dir?

Besuch bei meiner Freundin. Sie ist eine der wenigen, zu denen ich unangemeldet kommen kann. Falls sie zu Hause ist. Als ich hochschaue zu ihrem Fenster brennt Licht. Vor ihrer Tür treffe ich Moise. Sie kämpft mit ihm und für ihn bei Anwälten und vor dem Richter. Schon lange Monate. Es ist frustrierend und hinterlässt Spuren der Bitterkeit. Immer wieder heiße Diskussionen, auch mit mir über Ungerechtigkeit, Kriege und Aufrüstung.

»Warum demonstrieren so wenige für den Frieden?«, fragt sie mich. Und ob das Selbstverteidigung sei, was Israel momentan in Gaza anrichtet?

Sie zweifelt inzwischen an unserer Demokratie, den Behörden, den Politikern. Ich kann nur wenig dagegensetzen. Spüre selbst meine eigene Ohnmacht angesichts der Weltlage. Mir fehlen die Möglichkeiten und die Kraft, so viele unheilvolle Entwicklungen zu stoppen. Innerlich bin ich aufgewühlt. Ich muss an einen Leitspruch der Brüder in Taizé denken: Mit einem versöhnten Herzen kämpfen!

Es ist Abend der neuen Adventswoche. Jetzt bist DU an der Reihe, sage ich mir.

Ich betrete die kleine Kirche im Nachbarort. Sie ist abgedunkelt. Im ganzen Raum sind Kerzen verteilt. Wunderbares Licht in der Dunkelheit. Eine Wohltat für meine unruhige Seele. Wir sind nur sieben in den Bankreihen. Ich kniee auf der Seite der Gottesmutter mit ihrem Kind auf dem Arm, sehe viele Engel auf den Seitenaltären. Auch beim Hochaltar. Es glänzt golden. Sogar vorne hinter dem Kopf des gekreuzigten Jesus ragt kein Holzbalken mehr, sondern eine leuchtende Sonnenscheibe. Sie verheißt Auferstehung. Eine große Ruhe breitet sich in mir und um mich herum aus.

Ich sehe die vielen kleinen Lichter in der Dunkelheit. Atme dieses Licht im stillen dunklen Kirchenraum ein. Es tut mir gut. Es lässt mich aufatmen. Es bringt meine Hoffnung und Zuversicht zurück. Ich muss nichts tun. Darf einfach da sein. Ohne Worte. Geborgen bei dir.

Stets willst du mich empfangen und so begegnen mir.

Dienstag – 3. Adventswoche

Luzia und Ottilia, die heiligen Frauen des Lichtes (Gedenktag: 13. Dezember)

Manchmal wenn ich schwarzsehe
denke ich an dich Ottilia
blind geboren
zwölf Lebensjahre im Dunkeln
verstoßen vom Vater
weggegeben von der Mutter
vom Tode bedroht

In der Finsternis
hast du zu sehen gelernt
hast nach innen geschaut
kannst mich lehren Ottilia
meine Seele wahrzunehmen
wie eine Landschaft
mit Höhen und Tiefen
mit allem was zu ihr gehört
auch Schatten und Ängste
Wunden und Not

Sieh genau hin
verdränge nichts
sagst du Ottilia
manchmal geschieht ein Wunder

so wie in deinem Leben
bei deiner Taufe
als du sehend wurdest
die Finsternis ist nicht finster
vor unserem Gott
der dein Licht erstrahlen lässt
in dunkelster Nacht
die göttliche Verheißung im Ohr
Selbst wenn eine Mutter
ihr Kindlein vergäße
ich vergesse dich nicht
Ich habe deinen Namen
eingraviert in meine Hand

Während ich noch suche
welche Richtung stimmt
zeigst du mir den Weg Ottilia
die Wahrheit und das Leben
heilsam wie die Lindenblüten
auf deinem heiligen Berg
oder wie die klare Quelle
am Fuß deines Klosters
die uns reinwäscht
uns neues Augenlicht schenkt
uns wieder sehen lässt
uns selbst und im anderen
den Bruder
die Schwester
so wie Gott uns geträumt hat

Mittwoch – 3. Adventswoche

Karin

Freundlich und selbstbewusst stand sie da, auf Bahnsteig Nummer 5 am Heilbronner Hauptbahnhof, den Rucksack geschultert, den Stock in der Hand. Sie wartete geduldig mit geschlossenen Augen, als sei sie es gewöhnt schon lebenslang. *Mach dir keinen Stress*, hatte sie am Telefon gesagt.

Wir kannten uns noch nicht, ich wusste nur, dass sie ebenfalls diese Zeit der Stille im Frankenwald verbringen wollte und eine Mitfahrgelegenheit suchte, die ich ihr anbieten konnte. Zu meinem Hinweis, dass ich einen silbernen Polo fahre und vor dem Bahnhofseingang warten könnte, sagte sie nur: *Damit kann ich nicht viel anfangen. Ich bin blind!*

So lernte ich Karin kennen, verheiratet und Mutter dreier Kinder, jugendlich geblieben, mit braunem halblangem Haar, einem hübschen Gesicht und dem freundlichen Lächeln.

Selbständig hatte sie sich gemacht, trotz Beeinträchtigung, und war als Integrationsbeauftragte und Unternehmensberaterin in Sachen Inklusion unterwegs.

Ihr Gespür, Tastsinn und Gehör waren außergewöhnlich ausgeprägt. Mit dem Blindenstock nahm sie gekonnt fast alle Hürden. Auch mit ihrem Handy für viele Kontakte, das Sprachnachrichten in Schrift verwandelt und umgekehrt.

Willst du meinen Hobbit sehen?, fragte sie und zeigte mir ein kleines Video von ihrem Freund, dem weißen Labrador, der sie durch die belebten Straßen der Fußgängerzone in Konstanz führt, in ganz normalem Schritt-Tempo.

Mein Staunen wollte nicht enden. Ich bewunderte ihren Mut und sagte ihr das auch. Es überstieg meine Vorstellungskraft, wie es denn möglich sei, ständig im Dunkeln zu leben und dennoch so weltzugewandt, offen und unternehmungsfreudig zu sein. Es klang so selbstverständlich, wenn sie von ihrem Leben erzählte, von ihrer Arbeit und ihrer Familie, den drei Kindern oder ihrem Urlaub, gerne im Süden oder am Meer.

Und nun wagte sie sich in dieses Abenteuer, sieben Tage der Stille im Exerzitienhaus. Zwei Stockwerke, eine Kapelle, ein Speisesaal und viele Einzelzimmer, umgeben von Wiesen und Wald. Alles neu, alles fremd, Räume und Tagesablauf, dreißig unbekannte Menschen.

Karin wollte auf keinen Fall, dass ich mich verantwortlich fühle für sie. Ich verstand und nahm sie beim Wort. Sie saß in einer anderen Tischgruppe, und immer gab es jemand, der ihr den Teller hinstellte mit den gewünschten Speisen.

Den Weg in ihren Schlafraum kannte sie schon bald allein. Tastete sich mit dem Stock auch hoch in die Kapelle auf ihren Platz zum Schweigen. Zur Runde langsamen Gehens war ein ständiger Wechsel an Begleitenden zu sehen, die liebevoll und selbstverständlich mit Karin im Kreis schritten.

Ganz leicht, kaum spürbar, hat sie sich immer eingehakt. Nein, sie war keine Last, sondern für alle eine Bereicherung, wie sie so unter uns war. Die Mutigste, die den Anfang machte in der Erzählrunde bei der Vorstellung, und uns mit Humor und Charme zum Lachen brachte, unsere Herzen gewann.

Wie sie strahlte beim mehrstimmigen Gesang im Kreis zum Tischgebet! Wie großartig muss dieser Lobgesang in ihren Ohren geklungen haben!

Oder wie sie nach einigen Tagen ihre Tischnachbarn bedienen wollte, geschickt sich vortastend sieben Schritte durch den Raum zum großen Teebehälter ging, das leere Glas füllte und damit zurück zum Tisch kam und den anderen zum Trinken reichte. Es ist ihr gelungen!

So viel können wir von Karin lernen. Ein unendliches Vertrauen in das, was auf uns zukommt. Ur-Vertrauen in unsere begrenzten Möglichkeiten, in eine Hilfe, die uns zuteilwird, unerwartet und nicht zu planen. Dass wir im Dunkeln sehen können und dort sogar mehr erkennen als Sehende im Licht. Und dass alles gut werden kann, wie schon der Prophet sagte:

Denn das Volk, das im Dunkeln lebt, sieht ein großes Licht.

(Jesaja 9,1)

Donnerstag – 3. Adventswoche

Sternstunden sammeln

Sternstunden sammeln könnten wir, sagt der Bischof von Fulda in seiner Adventspredigt.

Uns Zeit nehmen mit hellwachen Sinnen, offenen Augen und Ohren, schmecken, riechen, tasten und fühlen. Wahrnehmen was ist, und mittendrin und davor und dahinter Gott entdecken, uns überraschen lassen von dem *Ich bin da, wo Du bist.*

Manchmal sind es nur Sternminuten oder Sternsekunden, aber klar und schön, am hellsten da, wo es am dunkelsten ist.

Und dann diesen Augenblick und das Unerhörte, unser Staunen und Bewegt-Sein, in Worten zu fassen suchen und anderen mitteilen.

Sternstunden mitteilen, das wäre ein Advent, wenn alle anfingen, sich zu erzählen von dem Wunderbaren im Alltäglichen und draußen in der Natur.

Und wenn da oben am Himmel, neben dem Leitstern unserer Nächte immer mehr und mehr Sterne blinkten, Sternlein ohne Zahl, eine Himmelswiese voller Sterne, die uns vom nahen Fest künden.

Und es zu singen beginnt in unseren Kinderherzen, das Lied der uralten Verheißung an Abraham und Sarah und all ihre Nachkommen, auch an mich und dich: *Ich will dich segnen und du sollst ein Segen sein!*

Freitag – 3. Adventswoche

Brief an meine Enkelin

Liebe Minna,

es gibt ein Foto, das ich am 25. November, dem Fest der heiligen Katharina, bei Euch zu Hause gemacht habe. Auf diesem Foto liegt Deine inzwischen kugelrunde Mama auf dem großen Sofa und außer ihr noch dein Papa, Deine Schwester, Dein Onkel und sogar Dein Opa. Alle sehen ein wenig schwanger aus und scheinen darauf zu warten, dass Du kommst.

Inzwischen trauten wir uns schon nicht mehr, allzu oft bei Deiner Mama nachzufragen und täglich zu telefonieren, wie es ihr denn gerade ginge. Von allen Seiten hieß es bei ihr am Telefon »Ja, ist es denn immer noch nicht so weit!?« Und so eine Frage kann einem selbstverständlich ziemlich auf die Nerven gehen, vor allem wenn der eigene Bauch immer dicker und schwerer wird.

Nur Du, liebe Minna, bliebst die Ruhe selbst und hast Dir Zeit gelassen. In meinem Kalender stand inzwischen der 29. November.

»Komisch, dass ich nun sogar zwei arbeitsfreie Tage habe und kein Besuch in Markgröningen eingeplant ist!«, dachte ich noch bei mir und fand es höchst seltsam, einfach so zu Hause hocken zu bleiben.

Nach einigem Zögern fragte ich dann sicherheitshalber gegen Mittag doch bei Deiner Mama nach und bot ihr vorsichtig an zu kommen. Ich sagte extra nicht, dass ich – wieder einmal – meinte, dass Du vielleicht demnächst zur Welt kommen könntest, obwohl wir zweifelsohne Deinem Geburtstermin wieder ein Stück näher gerückt waren, und sich für die Nacht der Vollmond angekündigt hatte.

Nein, das verschwieg ich, wies auf den bevorstehenden 1. Adventssonntag hin und bot an, mit Lea einen grünen Adventskranz zu binden. Und siehe da, das war Deiner Mama gar nicht so unrecht.

Wir verbrachten zusammen einen sehr gemütlichen Nachmittag. Ich ging mit der kleinen Lea noch in die Stadt, um die Strohkränze als Unterlage für die grünen Tannenzweige zu besorgen. Es wurde schon dämmrig, als wir zum Marktplatz in Markgröningen kamen. Da erstrahlte doch wirklich beim Brunnen ein riesengroßer Tannenbaum in der Dunkelheit mit Hunderten von Lichtern. Das war vielleicht eine Überraschung! Lea bekam ganz große Augen und sagte spontan und sehr überzeugt: »Heute ist Weihnachten!« Und ein bisschen glaubte ich ihr das auch.

Samstag – 3. Adventswoche

Gebet der Freude

Wie ein Kind habe ich gestaunt, mich gefreut und gelacht beim Aufstehen
heute Morgen mit dem Blick aus dem Fenster.
Es war so hell, Flocken tanzten schwebend durch die Luft.
Alles trug weiße Hauben, Bäume und Häuser. Eine sanfte Decke hüllte jedes Dunkle ein, das verwandelt glänzte.
Konnte es nicht lassen, mein Morgengebet war da draußen in klarer Luft.
Knirschende Schritte auf unversehrtem Schnee wie Musik in meinen Ohren.
Und sie kamen zurück, die verschneiten Straßen meiner Kindheit.
Das kleine Mädchen mit Schlitten und Schneeball.
Die schöne Stimme der Mutter, die ihren Kindern vorsang *Schneeflöckchen Weißröckchen*.
Die Kinder von heute haben immer noch ihre helle Freude.
Sie hüpften um mich herum auf ihrem Weg in die Schule.
Nur die Erwachsenen beginnen in Eile, gebückt, den Blick nach unten,
mit Salz und vielen Schneeschippen, die hässlich auf dem Asphalt kratzen,
das Wunder zur Seite zu schaufeln.
Dabei klang aus dem Bauernhaus so schöne konzertreife Klaviermusik.

Freudenbotinnen und Lichtträgerinnen

Es rührte mich sehr dieses Lied in vielen Strophen:
Macht hoch die Tür, die Tor macht weit!
Ob es außer mir jemand gehört hat, weiß ich nicht. Ich hätte
es mir gewünscht, ein Innehalten und Schauen, ein sich erinnern und sich freuen im Advent unseres Lebens.

Immer dann
wenn wir nicht mehr
mit einem Wunder rechnen
überraschst Du uns
über Nacht
wie Neuschnee am Morgen
Unser Herz öffnet seine Tür
ganz weit für dich
und wir wissen es wieder
wie damals als Kind

Die schönsten Lichter
entzünden wir nicht selbst
du lässt sie vom Himmel fallen
Sternschnuppen
Schneekristalle
und deine Verheißung
Siehe ich mache alles neu!

Gebärende und Neugeborene

4. Adventssonntag

Ihr Lieben,

eine Kerze nach der anderen können wir anzünden, unaufhaltsam breitet sich das Licht aus, ist nicht mehr aufzuhalten.

Im Evangelium dieses 4. Adventssonntags erzählt Lukas von zwei schwangeren Frauen. Für mich sind es zwei Prophetinnen. Gotteskünderinnen. Sie gehen schwanger mit Gott. Sind solche, die Gott vom Himmel zur Erde holen wollen. Gott zur Welt bringen wollen. Beide tragen ein Wunder unter ihrem Herzen. Eine junge und eine ältere. Maria und Elisabeth. Prophetinnen des alten und des neuen Bundes. Brückenbauerinnen. Künderinnen des neuen Lebens. Prophetinnen der Zeitenwende. Sie begegnen sich. Gottes Wort spricht aus ihrem Mund. *»Selig, die du geglaubt hast!«* und *»Hoch preise meine Seele den Herrn!«* (Lk 1,39–47)

Auch du bist Prophetin, will Gott uns heute sagen.

Bist berufen, mein Wort weiterzusagen. Häufig liegt es dir auf der Zunge, ohne dass du es erdacht hättest.

Lass dich nicht verunsichern, wenn sie dir entgegenhalten, dass du aus einem kleinen Ort und einfachen Verhältnissen kommst. Auch bei Jesus damals nahmen sie Anstoß, blickten auf sein Handwerk, auf seine Mutter Maria, seine vier Brüder, die sie beim Namen kannten und auf seine namenlosen Schwestern.

Sie glaubten ihn zu kennen und kannten ihn doch nicht, unseren Gott, der kein Außerirdischer blieb, sondern ganz einfach einer von ihnen war.

Auch du bist Prophetin, sagst du zu uns, Gott.

Wenn du das so willst, Gott, auch heute noch.

Wenn du im Einfachen zu Hause sein willst, im Kleinen und Alltäglichen, gar Unscheinbaren und Kleinen, dann lass uns aufleben, bejahe und bestärke uns, wenn unsere Worte, deine Worte in Frauenmund, in der eigenen Gemeinde, in der eigenen Verwandtschaft und Familie, oft überhört, nicht verstanden oder geschätzt werden.

Lass uns deinen Schatz in irdenen Gefäßen weitertragen, damit das Übermaß an Kraft nicht von uns, sondern von dir kommt. (2 Kor 4,7)

von Herzen   *katharina*

Montag – 4. Adventswoche

Ein ganz normaler Adventstag

Was hatte ich mir nicht alles vorgenommen in dieser Adventszeit!

Und dann hatte mich diese starke Erkältung im Griff. Die Nase war zu. Ich war ständig am Schnäuzen. Mein Hals schmerzte. Meditieren ging gar nicht. Fand keine Ruhe.

Konnte höchstens den Fernsehknopf betätigen und die schlechten Nachrichten hören. Oft landete ich danach in den seichten amerikanischen Weihnachtsfilmchen, um der rauen Wirklichkeit zu entfliehen. Auch die waren mit der Zeit schwer zu ertragen.

Und jetzt habe ich es erst um 8:00 Uhr geschafft aufzustehen. Zumindest sind meine Gedanken bei Tageslicht, auch wenn es noch so trüb ist, wieder heller als in den schlaflosen Stunden der Nacht. Ich sage mir, dass es höchste Zeit für eine lange Morgenmeditation ist, damit mir mein inneres Chaos nicht über den Kopf wächst.

Kaum habe ich mich vor meiner Ikone hingekniet, klingelt das Telefon.

Dreimal geschieht das an diesem Morgen. Und jedes Mal führt der Anruf dazu, mich zu unterbrechen, von mir und meinem Vorhaben abzusehen und mich um andere und anderes zu kümmern.

Mal ist es Eliese, die ich zum Bauernhof-Kindergarten fahren soll, mal geht es um eine Flötengruppe, die unseren

Adventsgottesdienst musikalisch begleiten kann, und dann kommt eine Freundin bei mir durch, die nach dem Tod ihres Mannes nun innerhalb eines knappen Monats schon drei Umzüge zu stemmen hatte.

»Ich werd' noch verrückt«, sagt sie. Wir nehmen uns Zeit fürs Gespräch, in dem sie immer ruhiger wird und erzählt, dass sie es jetzt einfach so hinter sich bringen muss, wobei sie betont, welch große Hilfe sie an ihren Kindern hat.

Ich verstehe, dass uns manchmal Wege vorgegeben sind, auch wenn sie steil bergauf gehen, finde es aber auch tröstlich, dass sie nach diesem Kraftakt dann endlich aufatmen und noch vor Weihnachten in der Nähe ihrer Kinder wohnen kann. Zudem in einer ebenerdigen Wohnung, was im Alter ja auch von Vorteil ist. Ja, meine Freundin war getröstet nach diesem Gespräch mit Licht am Ende des Tunnels.

Mein Tag war plötzlich sehr sinnvoll und gefüllt. Ein echter Adventstag, den ich nicht meinen Plänen verdanke, sondern der Tatsache, dass ich offen war für die Begegnungen des Lebens. *Siehste, Katharina, du musst nur mal aufhören um dich selbst und dein bitzele Leben zu kreisen!*

Wer weiß, vielleicht war auch Jesus darunter als Kind, als Flötistin, als Freundin, bei den Menschen, die ich ein kleines Stück begleiten durfte.

Der menschgewordene Jesus, neugeboren in mir und uns.

Dienstag – 4. Adventswoche

Christiane und ihr Überraschungsgeschenk

»Jetzt bist du an der Reihe, Katharina!«, sagte die fremde Frau, die in den letzten Adventstagen vor mir an der Haustür stand.

Sie trug blondes, leicht gewelltes Haar bis zum Kinn, Anorak und Hose und in der Hand einen riesigen blauen Umschlag mit Stern, der anscheinend für mich gedacht war.

»Ich bin die Christiane – von der Anna-Linde«, stellte sie sich vor und sah mich erwartungsvoll an. Ich will nicht wissen, wie verständnislos ich dreingeschaut habe. Dachte an zahlreiche Orte, an denen ich schon gearbeitet hatte und an den Gasthof »Linde« in Schwaigern. Aber nirgendwo stellte mein Gehirn eine Verbindung her. Es dauerte gefühlt wohl eine Ewigkeit, bis mir ein Licht aufging.

Ja, da gab es in meinem Hinterkopf eine Christiane im Verteiler meiner Sonntagsmails. Sie reagierte häufig so besonders auf meine Gedanken und schickte mir auch Texte, eigene Fotos und Kunstwerke zu. Ja, und einmal hatte sie mir auch eine kleine Wanderung vorgeschlagen. Zu einer Anna-Linde, einem mir noch unbekannten Kraftort, gar nicht so weit entfernt von meinem Wohnort.

Nun stand diese Christiane also leibhaftig vor mir, wir sahen uns zum ersten Mal.

Ich konnte nicht anders, als sie einfach zu umarmen.

Sie saß über eine Stunde bei mir auf dem Sofa, obwohl sie eigentlich gleich wieder gehen wollte. Ich zündete die Kerzen an meinem Adventskranz an, stellte später Tee und Wasser dazu. Wir unterhielten uns über unsere sehr persönlichen Lebenserfahrungen, als würden wir uns schon Jahrzehnte kennen und wären ziemlich beste Freundinnen. Es war wunderbar. Und als wertvolles Geschenk ließ sie mir einen Kalender für das neue Jahr, jeden Monat bestückt mit einem Foto ihrer eigenen Kunstwerke, soviel verriet sie zu dem großen Umschlag.

Ein so unerwartetes, ja riesiges Geschenk, das noch bis zum Heiligen Abend schön verpackt unter unserem Tannenbaum liegen wird und mich daran erinnert, dass unser Leben immer noch für eine Überraschung gut ist.

Mittwoch – 4. Adventswoche

Eliese

Eliese ist vier Jahre jung.
Sie glaubt noch, dass das Christkind die Geschenke bringt,
flüstert mir ihre Mutter zu.
Ein wunderbarer Kinderglaube.
Ich will diesen Glauben achten und bewahren helfen.
Und doch bringt es mich an diesem 24. Dezember in einen
Zwiespalt.
Elieses Mama hat noch viel zu tun. Die lebhafte Kleine ist im
Weg.
Sie will zur Oma. Die kann nicht Nein sagen.
Aber auch ihr Baum muss noch geschmückt werden.
Da fällt ihr eine Lösung ein.
Wir schmücken gemeinsam meinen Baum, sagt Oma.
Wir helfen dem Christkind.
Eliese ist begeistert. Sie darf dem Christkind helfen.
Unermüdlich und eifrig nimmt sie Kugeln, Sterne, Engel,
reicht diesen goldenen Schmuck weiter, hängt ihn selbst in die
grünen Zweige.
Der Baum wird zum Weihnachtsbaum. Er steht in voller
Pracht da.
Eliese ist glücklich und zufrieden.
Sie weiß, bald wird das Christkind vorbeikommen.
Es wird sich darüber freuen.
Schnell malt Eliese noch ein Bild.

Einen kleinen Engel. Im weißen Kleid mit Flügeln.

Gleich wird sie im Krippenspiel so ein Engel sein.

»ELIESE« schreibt sie auf ihr Bild, und Oma muss »fürs Christkind« dazuschreiben.

Das Blatt legt sie als Geschenk unter den Baum.

Dann kriecht Eliese selbst unter die Tannenzweige, rollt sich zusammen,

ruft: *Oma, ich bin ein Geschenk, du musst mich hervorholen.*

Kinder sind klug und weise. Sie verstehen viel vom Geheimnis der Weihnacht.

Sie können Verschiedenstes zusammenbringen. Damals und heute.

Nur uns Erwachsenen fehlt es oft an Einsicht. Wir verstehen diese wunderbaren Zusammenhänge nicht.

Ich will von Eliese lernen.

Donnerstag – 4. Adventswoche

Maria, fromme Jüdin aus Nazareth

Wenn ich in diesem Jahr
unsere Weihnachtskrippe aufbaue
werde ich mich
vielleicht zum ersten Mal
in meinem langen Leben
eindringlich fragen
warum das kleine Jesuskind
weiße Haut hat
sollte es nicht dunkler sein
wenn ich bedenke
dass sein Geburtsort
das Heilige Land
im Orient liegt

Und Maria
die Mutter des Gotteskindes
eine junge Frau aus Nazareth
wie kann es sein
dass im Lauf der Jahrhunderte
sie mit Judenstern auf dem Gewand
Verfolgung und Tod befürchten müsste

Eine Frau
jung und stark
die nach Gottes Willen
geachtet werden sollte
hochgeschätzt durch alle Zeiten
weil durch sie
der Stern über Bethlehem aufging

Sie und ihr Mann
auch ihr Jesuskind
waren gläubige Juden
lasen in der Bibel
orientierten sich an Gottes Wort
beteten miteinander
pflegten jüdische Traditionen
bis hin zum letzten Pessach-Mahl
das Jesus vor seinem Tod feierte

Und wenn es Nacht wird
am Heiligen Abend in diesem Jahr
werde ich hinaufschauen
zum Himmel
zu zahlreichen Sternen
die hoffentlich leuchten

so wie bei Abraham
als ihm großer Segen
verheißen wurde damals
und er zum Stammvater wurde
für alle Religionen
weltweit

die an den Einen Gott glauben
von dem ich glaube
dass er Mensch geworden ist
um uns Menschen
Mann und Frau
das Menschsein vorzuleben

Freitag – 4. Adventswoche

Margret und die Tochter Zion

Kurz vor Heiligabend hatte ich noch einige Einkäufe zu erledigen. Außerdem wollte ich Margret, meiner Freundin, die in der Stadtmitte wohnt, meine Weihnachtspost persönlich abgeben. Das ist inzwischen seit Jahren mein Geschenk für viele, ein schönes Bild oder persönliches Foto zu nehmen und dazu ein Gedicht zu schreiben. In diesem Jahr war es wieder einmal ein Engel, ein sehr zarter, verletzlicher Engel, den meine Tochter gemalt hatte.

Margret war allein zu Hause und freute sich, dass ich vorbeikam und Zeit für ein Gespräch mitbrachte. Ihre Tochter, mit Mann und vier Kindern, war erst vor kurzem ausgezogen, was ihr doch zu schaffen machte, denn sie liebte es mit ihren Enkeln Tür an Tür zu wohnen, die immer wieder bei ihrer Oma hereinschauten, bei ihr spielten oder das leckere Essen, das sie ihnen kochte, mit viel Appetit verspeisten.

Margret zeigte mir die Krippenlandschaft, in der sie ihre Egli-Figuren aufgestellt hatte, daneben einige Zweige mit Lichtern, die den Weihnachtsbaum ersetzten.

Es waren eher ernste Themen, die sie und mich bewegten. Immer wieder der Krieg, die Flüchtlingsströme, unsere gefährdete Demokratie. Auch dass sie in diesem Jahr den Heiligen Abend allein verbringen wollte, obwohl ihre fünf Kinder und sechzehn Enkelkinder nicht weit entfernt wohnten und sie eingeladen hatten.

Ihr Bedürfnis war es, zunächst für sich zu sein, ehe sich dann am 1. Weihnachtstag ihr Wohnzimmer füllen und alle gemeinsam um den großen Tisch sitzen würden.

Plötzlich hörten wir von draußen Blasmusik. Ein Posaunenchor hatte sich auf dem Brunnenplatz vor dem Haus aufgestellt und zu spielen begonnen.

Es sei ihr Lieblingslied, sagte Margret sofort. Sie hätte es immer bei der Gestaltung der Seniorennachmittage angestimmt: *Tochter Zion, freue dich!*

Spontan waren wir von unseren Stühlen aufgestanden und zum Fenster gegangen, schauten hinunter zu den fünf Bläsern mit ihren Instrumenten, die golden in der Kälte eines grauen Wintertages glänzten. Margret und ich standen nahe beieinander und sahen uns an, als könnten wir dieses kleine Wunder kaum fassen, als spielten die Musiker extra für uns. Und dann begannen wir beide zu singen: *Tochter Zion, freue dich, jauchze laut, Jerusalem, sieh, dein König kommt zu dir, ja, er kommt, der Friedensfürst. Hosianna in der Höh!*

Das war so ein geschenkter Augenblick, in dem der Himmel die Erde berührt. Uns beiden wurde es ganz weihnachtlich ums Herz.

Beschwingt und leicht, zu weiteren Posaunenklängen von Weihnachtsliedern in der Fußgängerzone, erledigte ich meine restlichen Einkäufe und fühlte mich ein wenig wie auf Wolke sieben vor lauter Vorfreude aufs Fest.

24. Dezember – Heiligabend

Brief an meine Enkelin

Liebe Minna,

die Ereignisse an diesem Adventsmorgen nahmen ihren Lauf. Draußen war über Nacht der erste Schnee gefallen und hatte alles mit einer wunderbaren Puderzuckerdecke zugedeckt. Dein Papa war zur Arbeit gefahren, ich hatte Lea in den Kindergarten gebracht, mit Deiner Mama gemütlich gefrühstückt und ihr Advents-Deko aus dem Keller geholt, als sie sagte »Jetzt fühlt sich der Schmerz anders an!« und »Eigentlich wollte ich jetzt noch ein Bad nehmen!«

Ich zwang mich zu einer ruhigen Gegenfrage: »Glaubst Du, dass Du jetzt noch die Ruhe zum Baden hast?«

Hab dann, es ging gegen Mittag, doch darauf gedrängt, einfach mal zum Nachschauen lassen, die acht Kilometer in die Klinik zu fahren. Während Deine Mutter bei der Autofahrt die Wehen im Minutentakt veratmete und die Seelenruhe selbst war, musste ich meine Aufregung im Zaum halten und fand, dass es viel zu viele rote Ampeln auf dieser Straße gab. Jedenfalls war ich heilfroh, dass ich Deine Mama noch rechtzeitig zum Kreissaal im obersten Stockwerk der Klinik bringen konnte, und auch Dein Papa eine Stunde später dort eintraf.

Eine freundliche Hebamme meinte: »Nun, das Kind lässt sich noch etwas Zeit, aber es wird heute zur Welt kommen!«

O Minna, so hört sich in meinen Ohren eine frohe Botschaft an, Freudenbotschaften, die uns in wunderbar seltenen Augenblicken unseres Lebens geschenkt werden und uns beglücken.

Unglaublich erleichtert fuhr ich zurück, um Deine Schwester Lea bei der Nachbarin abzuholen.

Es war gegen halb drei an diesem Freitagnachmittag. Wir hatten zu Mittag gegessen und für Lea, die sich als kleinster Engel für das Krippenspiel der Gemeinde gemeldet hatte, stand an diesem Nachmittag um drei Uhr eine Krippenspielprobe auf dem Programm. Doch vorher musste ich doch noch bei Deinem Papa im Krankenhaus anrufen, weil ich ja jetzt schon länger nichts von dort gehört hatte.

»Es ist gerade nicht so günstig«, sagte er nur leise und kurz am Handy. Da wusste ich Bescheid und begann inständig, innerlich zu beten.

Es gab für mich in diesem Moment, in dieser Stunde zwischen drei und vier Uhr an diesem Nachmittag keinen passenderen Platz, als in der Kirche zu sein, wo die Krippenspielprobe stattfand.

Lea war eingebunden und konzentriert aufs Spiel. Ich konnte ruhig dasitzen und auf den goldenen Tabernakel schauen. Gott unter den Menschen. Gott, der als kleines Kind auf die Welt kommen will.

Genau das verkündeten die Kinder an diesem Nachmittag bei der Probe für den Heiligen Abend. Mittendrin Deine Schwester Lea als jüngster Engel mit weißem Gewand und Flügeln, die laut, deutlich und unerschrocken zum ersten Mal ins Mikrophon sprechen durfte. Es war nur ein einziger Satz: »Freut euch, denn heute ist euch der Heiland geboren!«

Mich hat das sehr ergriffen, liebe Minna, und mir kamen bei Leas Engelworten die Tränen, denn ich wusste und ahnte, dass Du vielleicht genau jetzt das Licht der Welt erblickt hattest!

»Freut euch, denn heute ist euch der Heiland geboren!«

Und so war es. Kaum waren wir zu Hause, kam um sieben Minuten nach vier eine SMS von Deinem Papa: »Minna ist da, seit fünfundzwanzig Minuten. Wie erwartet, Bilderbuchgeburt!«

Mein Gott, wie sehr hat mich das bewegt! So eine frohe Botschaft! So ein feierlicher Augenblick! Ich lehnte am Türrahmen. Lea sah mich mit großen erstaunten Augen an, als ich es ihr mit Rührung in der Stimme und einer Freudenträne in den Augen weitersagte: »Lea, Dein Schwesterchen ist da! Minna! Sie heißt Minna!«

 Heiligabend

Mit dir
kam der Advent
und wir banden Kränze
aus grünen Zweigen und Licht
so froh

Mit dir
kam der erste Schnee
und wir staunten hinaus
wie die Flocken tanzten
zur Erde leis'
so zart

Mit dir
kam neues Leben
und unsere Kinderträume
kletterten zum Himmel
und pflückten einen Stern
so schön und hell
und ewig

25. Dezember – 1. Weihnachtstag

Neugeborene

»Gott selbst wird euch ein Zeichen geben: Seht, die junge Frau wird empfangen und einen Sohn gebären und ihm den Namen ›Immanuel‹ geben, das heißt: Gott ist mit uns!«

(Jesaja 7,14)

Du pulsierst in meinen Adern
Du fließt in meinem Blut
Du atmest in meiner Haut
Mein Herz pocht Du
Bin deine Wiege
schon lebenslang
auch in dunkelster Nacht
bis Du Mensch wirst in mir

Ihr Lieben,

Weihnachten ist anstrengend.

Nach dem Gottesdienst und einem großen Mittagessen am ersten Weihnachtstag zu Hause mit der ganzen Familie, drei erwachsenen Kindern, Schwiegerkindern und fünf Enkelkindern gönnten wir uns zwei Stunden Pause. Der Raum war doch zu klein für so viele lautstarke Kinder.

1. Weihnachtstag

Die einen gingen schlafen, die anderen spazieren, und ich hatte das Bedürfnis, eine Runde mit dem Rad zu fahren, bevor es Tee, Kuchen und Plätzchen gab.

Statt gemeinsamem Weihnachtliedersingen, was ich mir insgeheim gewünscht hatte, ging es dann weniger besinnlich weiter. Mein Sohn stimmte das »Tsch tsch tsch die Eisenbahn« an »wer will mit zur Oma fahrn?«. Groß und Klein bis hin zu Johann, der gerade erst laufen gelernt hatte, schlossen sich dieser Polonaise an.

Alle waren begeistert dabei, doch am Abend war mein linker Zeigefinger geschwollen und mein Auge entzündet. Mein Körper sagte mir: Es ist genug! Ich hatte einen Grund, meine Fahrt an die Mosel zu weiteren Verwandtenbesuchen abzusagen und war gar nicht mal traurig darüber.

Stattdessen ging ich am 2. Feiertag mit meiner Tochter Johanna auf dem Heuchelberg spazieren. Bei anbrechender Dunkelheit erlebten wir die Waldweihnacht der evangelischen Kirchengemeinde. Einzelne und Familien mit Kindern standen in lockerem Abstand mit ihren Laternen oder Taschenlampen im Halbrund. Der Posaunenchor spielte und der Pfarrer erzählte die Geschichte vom vierten König, eine alte russische Legende, die mich immer noch anrührt. Wir sangen Weihnachtslieder, während hinter den Bäumen am Nachthimmel der Mond aufging. Das war einfach schön. Ohne mein Zutun, mich beschenken zu lassen. Das war für mich echt Weihnachten!

von Herzen   *katharina*

26. Dezember – 2. Weihnachtstag

Im Anfang war das Wort (zu Johannes 1,1–18)

Im Anfang war das Wort und das Wort war bei Gott und das Wort war Gott.

Kein Wunder, dass mich diese Worte zur Weihnacht berühren.

Stand ich doch erst gestern vor der Gemeinde und sagte nach meiner Lesung:

Wort des lebendigen Gottes.

Gottes Wort in Menschenmund, Gottes Wort in Frauenmund, Gottes Wort in meinem Mund.

Alles ist durch das Wort geworden.

In ihm war das Leben und das Licht der Menschen.

Das Licht leuchtet in der Finsternis, auch in meiner Finsternis.

Mein Leben ist ein Versuch, dieses Licht zu erfassen,

das Wort Gottes bei mir ankommen zu lassen.

Wenn ich meine Weihnachtspost lese, und mir eine schreibt: ich sei *ein Geschenk des Himmels,* dann kommt Jesus in mir zur Welt.

Oder wenn vor meinem Namen *Allerliebste* steht und mich jemand liebgewonnen hat,

bloß durch mein Wort, ohne mich gesehen zu haben, dann überlege ich,

ob ich nicht bei allen, denen ich schreibe, anstatt mit *Ihr Lieben* mit *Ihr Allerliebsten* beginnen könnte.

Denn für Gott sind wir es: *Allerliebste!*

Gott würde diese Anrede wählen, seit er uns so nahekam und Mensch wurde.

Sein Wort berührt uns.

Und sein tiefstes Wort in dieser Weihnacht waren für mich die Worte einer schwerkranken Freundin, die schmerzerfüllt, mit kaum noch Lichtblicken

dem Tod entgegenlebt.

Schade, dass wir uns jetzt erst so nahegekommen sind, schrieb sie.

Und ich hätte weinen können, weil es Gottes Worte sind, an mich und an uns.

Schade, dass wir uns jetzt erst so nahegekommen sind.

Manchmal brauche ich Jahrzehnte, gar bis zum Ende meines Lebens brauche ich Zeit,

tappe im Finstern, bis mir das Licht aufgeht, wie nahe mir Gott kommen will,

hier und da, von Geburt an mit seinem Wort.

Schade, dass wir uns jetzt erst so nahegekommen sind!

Worte, die mich betreffen und Dich,

Du *Wort des lebendigen Gottes*, das uns nahe rückt, uns Licht und Leben sein will.

Im Anfang war das Wort, und das Wort war bei Gott, und das Wort war Gott,

der durch uns und mit uns und in uns Mensch werden will.

Zwischen den Jahren

Hirtinnen und Engel

27. Dezember

Ihr Lieben,

wie schnell haben wir den Engel auf dem Hirtenfeld vergessen mit seinem »*Fürchtet euch nicht!*« und »*Freuet Euch!*«. Wir rennen los in unseren Alltag, machen Besorgungen, planen eine Silvesterfeier.

»Die Feiertage sind vorbei!«, so begrüßte uns der Pfarrer zum Abendgottesdienst in Heilbronn.

»Wie bitte?«, sagte es in mir. »Vorbei? Für mich soll Weihnachten doch jetzt erst recht beginnen!«

So vieles ging unter im großen Fest mit vielem, gutem Essen, vielen Geschenken und vielen Besuchen!

Spätestens am 3. Weihnachtstag könnte ich in ein »Loch« fallen, spüre wie müde, ja erschöpft ich bin.

Will Ruhe, ausschlafen, weniger und gesund essen, mich an frischer Luft bewegen und es in mir Weihnachten werden lassen!

Ja, auch die Gottesdienste halfen mir nicht in diesem Jahr. Vielleicht sind meine Erwartungen zu hoch, wenn ich mit Begeisterung und Freude angesteckt werden will.

Es gab schon mehrere Jahre, in denen an Weihnachten gerade der Tod meines Vaters oder meiner Mutter hinter mir lag, eine schwere Erkrankung mich oder jemanden in meiner Familie plagte, oder Festtage, in denen ich geschwächt von einer OP kurz zuvor nach Hause kam.

Es gab sie schon, diese Jahre, in denen ich beim Gesang von »O du fröhliche!« mit einer jubilierenden Oberstimme, die von der Kirchen-Empore hinunter klang, einfach nicht anders konnte und Tränen meinen eigenen Gesang erstickten.

Dankbar bin ich deshalb auch, dass meine Kirche nicht bei der Weihnachtsidylle stehen bleibt.

Schon am 2. Feiertag wird unser Blick mit dem Fest des heiligen Stephanus auf alle gelenkt, die auch heute noch um ihres Glaubens willen verfolgt werden. Weltweit in so übergroßer Zahl.

Oder nehmen wir das »Fest der unschuldigen Kinder« am 28. Dezember. Ein Blutbad unter unschuldigen Säuglingen, das dieser grausame Despot Herodes aus purer Machtgier anrichten ließ. Immer wieder erschütternd aktuell.

Krippe und Kreuz gehören zusammen!

Ich werde noch lange brauchen, bis Weihnachten in mir angekommen ist! Vielleicht ein ganzes Leben!?

von Herzen   *katharina*

Mein Engel

Mein Engel sieht dich an
mit einem dunklen
und einem hellen Auge
mit Schatten
und mit Licht im Gesicht

Zarte Kinderhaut
und Lippen rot wie Blut
die Hände gefaltet
wie ein lebendiges Kreuz
über dem pochenden Herzen

Das Gewand weiß wie Schnee
zwei Engelsflügel
lodernden Flammen gleich
und alles Tränenwasser
fließt wie dunkle Ströme
ins weite Meer

Das große Staunen beginnt
wenn Gegensätze sich vereinen
ein Herz und eine Seele
Gott und Mensch

Feiern wir
das Fest der Versöhnung
weil auf der Stirn
meines Engels
in Leuchtbuchstaben
geschrieben steht

Nicht um zu hassen
um zu lieben
bin ich gekommen

28. Dezember – »Unschuldige Kinder«

Bethlehem

Kein einziger Stern war sichtbar in dieser Heiligen Nacht, der suchende Blick zum Himmel vergeblich.

Bethlehem im Lande Juda war wie ausgestorben. Es herrschte Totenstille auf den Plätzen und Straßen, sonst so belebt mit Festtagsfreude und fröhlichem Stimmengewirr. Das Lachen der Kinder war verstummt.

Die Schreie der Geschwister, Eltern und Kinder aus Gaza, gellten durch die Luft, flogen kilometerweit, durchdrangen die Wände auch der Häuser von Bethlehem, zerbrachen die Herzen, lebenslänglich.

Die Trümmer der Ohnmacht und Verzweiflung wuchsen zum Himmel. Das einstige Zuhause, die Erde, eine gespenstische Leere, die nach Blut und Tod roch.

Nur eine kleine Gruppe von Menschen, weniger als in den Jahren zuvor, wegen des Krieges, sechzig Frauen und Männer hatten sich auf den Weg gemacht und liefen zwei Stunden durch diese Nacht der Nächte von Jerusalem nach Bethlehem.

Die Mönche unter ihnen trugen eine Schriftrolle, auf der geschrieben stand:

Ich trage deinen Namen in der Heiligen Nacht nach Bethlehem.

In diesem Jahr einhundertdreiundzwanzigtausend. So viele Namen, so viele Menschen von überallher, die sie mit sich trugen in dieser Heiligen Nacht, um sie noch vor Sonnenaufgang am vierzehnzackigen Stern an der Geburtsstätte Jesu abzulegen.

So viele waren anzuvertrauen diesem Kind, dem unerkannten Weltenherrscher, der wiederkommen wird mit seiner Liebe und seinem Friedenswillen für die ganze Welt.

Eine Schriftrolle, das Gotteswort mit seiner Verheißung, uralte Propheten, niemals verstummt, niemals zum Schweigen gebracht, trotzen dem Krieg von heute und sprechen vom Leben, das niemals endet.

Du Bethlehem im Lande Juda bist keineswegs die geringste unter den Städten Judas,

denn aus dir soll mir kommen der Fürst des Lebens, der über mein Volk ein Herr sei. (nach Mt 2,6)

29. Dezember

Fest der Heiligen Familie – in der katholischen Kirche immer am 1. Sonntag nach Weihnachten

Wer sagt denn, dass in der Heiligen Familie die Rollen festgeschrieben waren – für immer und ewig?

Wer sagt denn, dass Josef ein alter Mann war?

Wer will behaupten, dass er und Maria kein Liebespaar waren?

Warum sollten nicht auch Männer fromm und gottesfürchtig sein?

Warum sollte nicht auch Josef ein Loblied gesungen haben, das Gott groß sein lässt?

Warum sollte Josef nicht auch seine weiblichen Anteile leben und integrieren können?

Warum sollte er nicht seine mütterlichen Züge pflegen und sich dem kleinen Baby, Jesus, liebevoll widmen?

Das Bild einer Weihnachtskrippe aus Brasilien kann uns vieles zeigen:

Eine von Schwangerschaft und Geburt erschöpfte junge Mutter Maria, die sich ausschlafen und ihrem Mann Josef das Baby anvertrauen kann.

Einen stolzen Vater, der dieses kleine Menschlein zärtlich in seinen Armen hält, es anschaut und ihm entzückt zulächelt.

Vater und Mutter eben, die ihrem Jesuskind Vater und Mutter sind, einfach und liebevoll, und genau deshalb einen Heiligenschein tragen.

30. Dezember

Wenn in diesen Tagen mein Kopf schwer wird vom Wirrwarr der Nachrichten aus aller Welt, mit Gewalt Not und Sterben, den Fake News, Lügen und der Gier der Mächtigen, dann halte ich inne.

Ich lege meine Füße hoch auf mein kleines Sofa und schaue auf die grünen Zweige des Tannenbaums vor mir, von dem es im Lied heißt, dass sein Kleid mich etwas lehren will.

Der Hoffnung und Beständigkeit verleihst Du Kraft zu jeder Zeit, O Tannenbaum!

Ich schaue auf goldene Vögel, die auf seinen Zweigen sitzen, und auf goldene Kugeln, die im Kerzenlicht schimmern. Auch solche aus Glas, verheißungsvoll schillernd und zerbrechlich wie Seifenblasen.

Weiter unten, in Augenhöhe eines Kindes, gibt es die nostalgischen Engel mit allerliebsten Gesichtern, auch Schaukelpferdchen aus Holz mit roten Kufen oder gar kleine grüne Frösche mit goldenen Kronen. Jeder ein verzauberter Prinz in kindlicher Fantasie.

Nicht zu vergessen, die Strohsterne auf den untersten Zweigen, die daran erinnern, dass auch das ärmste Kind, und sei es auf Stroh gebettet, ein Gotteskind ist.

31. Dezember – Silvester

Silvesterfeiern mit Katharina

(Eine amüsante, unvergessliche Begebenheit, die mein Freund Joachim aus Trier mit einem Augenzwinkern festgehalten hat.)

Es war zum Jahreswechsel. Katharina und Genaro waren erst kurz verheiratet. Christine und ich besuchten die beiden in Daun. Und in der Familie Barth feiert man Silvester eben anders. Nicht mit Jubel, Trubel, Heiterkeit und Silvesterraketen und so. Nein, Katharina mag es eher spirituell, und so setzte sie sich in den Kopf, zur Jahresabschlussmesse nach Maria Laach zu fahren. Ich selbst war vorher nie da gewesen. Das altehrwürdige romanische Kloster hatte aber immer schon einen faszinierenden Reiz auf mich ausgeübt und so war ich ehrlich gespannt auf den Ausflug.

Also machten wir uns nach dem Abendessen gemeinsam auf den Weg. Eigentlich war genügend Zeit, die knapp sechzig Kilometer bis zum Beginn der Messe zu bewältigen. Allerdings hatte es am Abend zu schneien begonnen. Die Flocken fielen so dicht, dass man die Hand kaum vor Augen sah. All unserer Warnungen zum Trotz, was Katharina sich in den Kopf setzt, das wird auch durchgeführt.

Also. Genaro saß am Steuer, Katharina daneben, voller Gottvertrauen. Christine und ich hinten. Wir sind ja heute noch nicht dick, aber damals brachten wir noch ein paar Kilos weniger auf die Waage. Und so fehlte das nötige Gewicht auf die Hinterachse des Autos. Ein großer Nachteil war der fehlende Hinterradantrieb, so dass wir nur so über die Straßen schlingerten. So richtig gefährlich war es eigentlich nicht, denn außer uns, besser Katharina, kam ja kein Mensch auf die Idee, sich an Silvester bei dichtem Schneetreiben auf eine eisglatte Straße zu wagen. Und mehr als dreißig Kilometer pro Stunde schafften wir eh nicht. Das Auto gab einfach nicht mehr her.

Die Aussicht war auch nicht so toll, nachts im Dunkeln und bei beschlagenen Scheiben. Und so hatten wir reichlich Gesprächsstoff auf der Fahrt. Wir unterhielten uns über Gott und die Welt, vor allem Katharina und Christine. Genaro musste sich ja auf die Straße konzentrieren und ich bin immer ein wenig schüchtern und wortkarg, wenn ich Leute noch nicht so gut kenne.

Wie dem auch sei, nach etwa zweieinhalb Stunden kamen wir wider Erwarten doch noch in Maria Laach an. Der Schnee hatte etwas nachgelassen, und so lag die erhabene Kirche still vor uns. Wirklich sehr still. Denn außer uns war keiner mehr da. Die Messe war lange vorbei. Die Leute hatten längst zu Hause miteinander angestoßen. Die Mönche wahrscheinlich auch. Das Feuerwerk war vorbei.

Immerhin war die Kirche noch offen, sodass wir im Dunkeln noch einen Blick hineinwerfen konnten. Im Dunkeln wie gesagt, so richtig konnte ich die Kirche leider nicht bestaunen. Außerdem wollten die ja auch langsam schließen. Wir hatten aber noch Zeit für ein kurzes Gebet. Und natürlich haben wir uns auch alle umarmt und uns ein gutes neues Jahr gewünscht.

Tja und dann war es Zeit, wieder zurückzufahren. Denn es war ja nicht zu erwarten, dass wir jetzt weniger als zwei Stunden benötigen würden. Die Rückfahrt war dann aber doch schnell vorbei, denn ich bin auf meinem Rücksitz eingenickt.

Das war die etwas andere Silvesterfeier. Dass ich mich noch so gut daran erinnern kann, zeigt aber doch, dass es keine so üble Feier war.

Joachim Hölle-Gindorf

Wege ins neue Jahr

Sternsingerinnen und Königinnen

1. Januar – Neujahr

Der 1. Januar ist in unserer Kirche das Fest der Gottesmutter
Maria – auch »Himmelskönigin« genannt.

Es gibt viele Marias
die sich auf den Weg machen
damals wie heute
über felsigen Stein und Berge
durch Wüsten und Meere
mit einer Sehnsucht im Herzen

Mirjam
die Schwester von Mose und Aaron
die vor ihrem Volk herzog
in die Freiheit
aus der Sklaverei
und einen Freudentanz tanzte
mit den Frauen
nach ihrem Durchzug
durch das Rote Meer

Maria die Mutter Jesu
deren Gottvertrauen
über ihre Zweifel siegte
vom »Wie soll das geschehen?«
hin zu einem »Ja, ich will!«

Maria von Magdala
die Jesus folgte
wie eine Schwalbe
dem Sommer folgt
wie Maria die Frau des Klopas
und die anderen Frauen
die Jesus dienten
nach ihrem Vermögen

Auch heute noch
viele Marias
auch in meiner Familie
meine Großmutter Maria
und mein Vater Alfons Maria
meine Patin Maria Luise
und fünf Kusinen
alle haben Maria im Namen
selbst ich

Und weltweit gesehen
viele heilige Frauen
solche mit Ordensgelübde
und solche mit Familie
Frauen in Kirche und Gesellschaft
Poetinnen und Politikerinnen
Ärztinnen und Pflegerinnen

Frauen wie Maria in Belarus
die dem Diktator trotzen
die um ihres Glaubens willen
verfolgt sind
und trotz allem
ihre Sehnsucht bewahren
Gott zu folgen

Manchmal in Eile aufbrechen
sich auf den Weg machen
keine Zeit verlieren wollen
Jesus zur Welt zu bringen
ihm nachzufolgen
denn das Gottesreich will kommen
durch und mit und in Maria

(aus: *Maria feiern 2.0. Gottesdienste, Predigten, Impulse*, hrsg. von Katharina Barth-Duran und Martina Jung, Verlag Herder, Freiburg 2023)

2. Januar

Mein Gang ins neue Jahr

Du ebnest mir den Weg ins neue Jahr. Rollst zur Begrüßung
den Teppich
für mich aus. Nicht rot, aber in reinstem Weiß.
Schritt für Schritt, ein Gang im Wald auf weichem Moos und
Schnee.
Das Zwitschern eines Vogels die Begrüßungsmelodie.
Bin wie verzaubert.

Die großen Bäume stehen Spalier.
Ihre filigranen Zweige
formen kunstvoll einen Bogen.
Mein Schutz mein Dach mein Zelt aus Diamanten und Kris-
tall.

Und unablässig fallen ganz leicht feinste Schneeflocken.
Besprenkeln sanft mein Gesicht und zieren mich mit zarten
Wintersprossen.
Ich seh' mich lächeln – auch ohne Spiegel.

3. Januar

Neugeboren!

Die Augen des winzigen Kindes
neugeboren in diesen Tagen
ziehen magisch an

Man sagt
Neugeborene
sehen noch nicht viel
aber ich glaube
sie sehen alles
was wir nicht mehr sehen

Augen
die nach langer Reise
noch die Ewigkeit im Blick
und Gottes Engel so nah
wie dem Herzschlag der Mutter

Mit Sehkraft
zuinnerst
nicht von dieser Welt
geborgen ganz und gar
von unendlichem Vertrauen
umhüllt und geschützt

Augen
die wir anschauen möchten
immer wieder lange
leise und zärtlich

Die uns eine Botschaft bringen
von einer neuen Welt
die für uns unsichtbar
verschwunden scheint
so unzugänglich
wie jenes verschlossene Paradies
seit uns die Augen aufgingen

Viel haben wir gesehen
von dieser Welt
vielleicht zu viel
was uns den Blick verstellt

Nun bringt das kleine Kind
uns eine Botschaft
und seine Augen sagen uns
wir brauchen Kinderaugen
um neu zu sehen
es wiederzufinden
im Augenblick
das Angesicht unseres Gottes

Wie neugeboren
werden wir schauen
auf Welt und Menschen
zärtlich und in purer Freude
mit einem Glanz
und einer Liebe
aus Ewigkeit

4. Januar

Gebet

Wenn ich durch weite Felder gehe, es mag Winter sein, gar Dämmerung,
dann werde ich deiner Liebe gewiss, so gewiss wie mein Atem, der die kalte Luft einatmet und sie in Wärme wandelt und verströmt.
Du liebst mich, ich weiß, liebst mich für alles, was ich offenbarte, was ich hergab aus meinem Innersten an Schätzen, Worten, gelebten, spielerisch, vertrauensvoll wie ein Kind.
Du liebst mich, ich weiß, für alles, was ich offenbarte, was ich hergab aus meinem Innersten an Zwiespalt, Dunkelheit, Schwäche und Begrenztsein meiner Liebe, der ich nicht entkam.
Du liebst mich, ich weiß, für alles, was ich verschwieg, und keiner Menschenseele sagen konnte, weil mir die Worte fehlten, so tief, so zuinnerst, so verletzbar und zu zart, um es dem Missverständnis auszuliefern, dem Verrat.
Ich konnte diesem dennoch nicht entgehen. So oder so.
Du liebst mich für meinen Mut und sein Versagen. Du liebst mich für mein Schweigen und das ertragene Leid, liebst mich für mein Herzblut, das in allem war, als Geschenk im Geben und im Zurückhalten.
Du liebst mich, ich weiß, und du weißt alles, du weißt auch, dass ich dich liebe.

In ganz hellen Stunden wärmt diese Gewissheit meinen Atem, der nimmt und gibt beim Gang durch weite Felder, es mag Winter sein, gar Dämmerung.

5. Januar

Wenn das Auguste wüsste

Wenn das Auguste wüsste!

Jenes Mädchen, das mit knapp fünfzehn, vor 175 Jahren, in Aachen die Aktion *Kinder helfen Kindern* ins Leben rief.

Auch ich wusste es nicht. Erst jetzt ist mir bewusst, dass es ein junges Mädchen war, das den Grundstein legte zur großen, landesweiten Sternsinger-Aktion in unseren Gemeinden.

Inzwischen sind es Tausende, Mädchen und Jungen, in unserem Land, die zu Beginn eines Jahres unterwegs sind, um anderen Kindern zu helfen.

Ihr Spendenergebnis für die ärmeren Kinder in der südlichen Erdhälfte klettert in ungeahnte Höhe. Über eine Milliarde an Spenden sammelten sie seither. Wenn das Auguste wüsste!

So vieles wissen wir nicht von den kleinen Königinnen und Königen auf unseren Straßen, die oft inkognito für die Würde eines jeden Kindes bitten, singen, lächeln.

Jetzt sind sie wieder unterwegs
zu Beginn des neuen Jahres
die Königskinder
mit ihren Geschenken
und machen die Dunkelheit
zu ihrem Feiertag

Sternenglanz
in ihren Augen
nicht mit Gold aufzuwiegen
gleicht dem Reichtum von Saba
und ihre Freude
duftet nach Weihrauch

Sie klopfen
an unsere Herzen
und bringen ins Haus
was uns verloren ging
nirgendwo zu kaufen
unbezahlbar

Die Würde jedes Menschen
auch der Kleinsten und Armen
bringen sie uns zurück
mit einem Lächeln
einem Lied
einem Segen

6. Januar

Der Besuch beim neugeborenen Kind

Ihr Lieben,

in meinem Kalender steht am 6. Januar das Fest »Heilige Drei Könige«, auch wenn die Kirche inzwischen vom »Fest der Erscheinung des Herrn« spricht.

Drei Könige! Mögen es nun Magier aus dem Osten gewesen sein, die sich auf Sternkunde verstanden, oder Priester aus Persien, die damals diesem besonderen Stern folgten. Jedenfalls sind sie nicht nur auf die Erde, sondern auch auf den Himmel ausgerichtet, wenn sie diesen neugeborenen König suchen und finden wollen, um ihm Gaben zu bringen und ihn anzubeten.

Mir kommt oft in den Sinn, dass es wohl Zeit für eine Königin wäre, die damals ebenfalls aufgebrochen ist!

So weit weg ist dieser Gedanke gar nicht. Schon im 15. Jahrhundert gibt es Gemälde italienischer Meister, die als dritte Person eine Königin darstellen, wunderschön und in rotem Gewand. Mag sein, dass sie im Hinterkopf die sagenumwobene Königin aus Saba hatten, eine biblische Gestalt aus dem 10. Jahrhundert vor Christus.

Sie kam aus dem Süden, um Salomos Weisheit zu prüfen. Mit ihr ein gewaltiges Gefolge. Kamele trugen Balsam, Gold und Edelsteine (1 Kön 10).

Ja, manchmal komme auch ich mir wie eine Königin vor. Anders als die Königinnen dieser Welt. Aber eine, die sich reich beschenkt fühlt, so wie damals als ich meine Enkelin zum ersten Mal sehen konnte. Es war mein Antrittsbesuch beim neugeborenen Kind, im Zimmer einer Neugeborenenstation.

Es ist doch immer wieder die Geburt eines Kindes, die uns so überreich beschenkt und uns und alle Menschen zu Königinnen und Königen macht.

von Herzen   *katharina*

Brief an meine Enkelin

Liebe Minna,

selbstverständlich wollte ich noch bei Deiner Mama und Dir vorbeischauen, obwohl ich schon sooooo erschöpft und müde war von den Ereignissen des Tages.

Aber Dich an Deinem ersten Geburtstag auf dieser Welt zu sehen, Dich sanft zu küssen und Dir ein Kreuz zum Segen auf die Stirn zu zeichnen, das war mir dann doch ein Herzensanliegen.

Außerdem wollte ich Euch den schönen Engel dalassen, den ich glücklicherweise schon einige Zeit zuvor in Deiner Geburtsstadt entdeckt hatte. So ein ganz feiner, zarter Engel, wie Glas, durch den das Licht scheint, aber trotzdem einer, der Hände und Füße hat und ein weites Herz mit einer rosaroten Blüte in der Hand.

Als ich gegen neun Uhr abends zu Euch ins Zimmer hereinschaute, klopfte mein Herz ein wenig schneller als sonst.

Deine Mama lag noch hellwach im Bett und sah so gut und erholt aus, als käme sie gerade aus einem schönen Urlaub. Sie war so glücklich und froh mit Dir im Arm.

Du hingegen, winzig und süß, warst am Schlafen und hast »eine Schnute gezogen«, als wenn Du ein wenig beleidigt wärst. Darauf hat mich Deine Mama amüsiert aufmerksam gemacht, denn sie fand das köstlich. Ich meinte schon, dass Du das Recht hättest, nicht gerade hocherfreut und begeistert zu schauen, denn schließlich hat man Dir doch Schwerstarbeit mit dem »Zur Welt kommen« zugemutet.

Da lagst Du also, meine tapfere kleine Minna, und Helena erzählte mir ganz leise, um Dich nicht zu wecken, wie gut, zügig und ohne Komplikationen Deine Ankunft an diesem Tag vor sich ging. Noch immer kam es uns so wunderbar vor und wir konnten es kaum fassen, dass der Zeitpunkt und der gesamte besondere Tagesablauf Deiner Geburt so gut und glücklich verlaufen war, als hätte Gott uns einen Schutzengel geschickt, der uns Schritt für Schritt von Wunder zu Wunder begleitet.

Sich Weitertragen lassen ...

Ihr Lieben,

heute Morgen kam mir das Lied »Ich steh an deiner Krippen hier« aus dem Radio entgegen. Noch steht mein Weihnachtsbaum und leuchtet warm und golden an diesem trüben Wintermorgen. Noch ist meine Krippe aufgebaut. Aber viel zu wenig stehe ich vor diesem Jesuskind, das mein Leben sein will, geht mir durch den Kopf. Stehe und schaue viel zu selten auf dieses Kind.

Ich komme, bring und schenke dir, was du mir hast gegeben. Nimm hin, es ist mein Geist und Sinn. Herz, Seel und Mut nimm alles hin und lass Dir's wohlgefallen.

Gerade habe ich spontan mein Gesangbuch, das Gotteslob, aufgeschlagen und es laut gesungen.

Dieser Paul Gerhardt (1653) findet wunderschöne Wortbilder, die Johann Sebastian Bach (1736) vertont hat.

Alle Strophen, besonders aber diese Zeilen seines Dichtens und Betens haben es mir schon immer angetan: *Ich sehe dich mit Freuden an und kann mich nicht sattsehen ... Ach, dass mein Sinn ein Abgrund wär und meine Seel ein weites Meer, dass ich dich möchte fassen.*

Ein kleines Gebet aus meinem Tagebuch will ich noch anfügen:

Mein Gott, darin liegt alles, was ich dir in diesem Augenblick sagen und singen kann. Alles! Meine flüchtige Lebenszeit, meine kleinen, begrenzten Möglichkeiten, meine Unvollkommenheit und Schwäche.

Aber auch meine Freude an dir, meinem Lebenssinn.

Wie ein Tröpflein im Meer will ich aufgehen in deiner Fülle. – Trage mich aus! Bring du mich immer neu zur Welt. Lass mich neugeboren sein in dir.

von Herzen   *katharina*

Die Autorin

© *Lea Thiel*

Katharina Barth-Duran, geb. 1956, ist eine engagierte Kirchenfrau, auch nach ihrer Zeit als Pastoralreferentin in der Erzdiözese Freiburg.

Sie ist weiterhin in Familie und Gemeinde engagiert, wirkt in der Frauen-Seelsorge oder im Beerdigungsdienst, gestaltet neue Gottesdienstformen und schreibt monatlich über einen Verteiler ihre Sonntagsmails mit persönlichen Gedanken und spirituellen Impulsen.

Atempausen findet sie beim Bibelteilen in einer Gruppe des Katholischen Deutschen Frauenbunds (KDFB), in der Stille von Taizé oder bei Kontemplationskursen im Haus Gries. Als Autorin schreibt sie über Alltägliches und wie Gott darin zu finden ist. Sie lebt in Schwaigern bei Heilbronn.

Die Geburt Jesu
in neuem Licht

176 Seiten I Gebunden
ISBN 978-3-451-39887-2

Annette Jantzen untersucht in ihrem Buch die biblischen Erzählungen von Jesu Geburt und ihren kulturellen
Kontext. Sie erläutert, wie Jesu Zeitgenossen die Bilder
von Engeln, Sternen, Hirten, der Jungfrauengeburt und
der Gotteskindschaft verstanden und wie sich dieses
Verständnis im Laufe der Zeit gewandelt hat. Ihre Erkun-
dungen bieten eine neue Perspektive auf Jesus Christus
und verdeutlichen, wie die frühen Gläubigen Gottes
Gegenwart in seinem Leben erkannten.

In jeder Buchhandlung!

HERDER

www.herder.de

Der Fastenzeitbegleiter
für Frauen

144 Seiten I Gebunden
ISBN 978-3-451-39238-2

40 Tage lang begleiten wir in diesem Buch eine Königin,
um mit ihr unsere eigene königliche Würde zu entdecken.
Jeden Tag gibt es einen neuen meditativen Text, inspirie-
rende Fragen, ein Gedicht oder ein Gebet. Ein poetischer
und lebenskluger spiritueller Begleiter – nicht nur für die
Fastenzeit.

In jeder Buchhandlung!

HERDER

www.herder.de